股市聊聊吧

（精编本2）

《谈股论金》栏目组　编著

文汇出版社

图书在版编目（CIP）数据

股市聊聊吧：精编本.2 / 第一财经《谈股论金》栏目组编著.
—上海：文汇出版社，2016.8
ISBN 978 - 7 - 5496 - 1767 - 8

Ⅰ.①股… Ⅱ.①第… Ⅲ.①股票投资－基本知识
Ⅳ.① F830.91

中国版本图书馆 CIP 数据核字（2016）第 117945 号

股市聊聊吧·精编本2

出 版 人／桂国强

策　　划／孙继民　缪　松
编　　著／第一财经《谈股论金》栏目组
责任编辑／金　蕴
装帧设计／王　翔

出版发行／文汇出版社
　　　　　上海市威海路755号
　　　　　（邮政编码200041）
经　　销／全国新华书店
排　　版／南京展望文化发展有限公司
印刷装订／上海宝山译文印刷厂
版　　次／2016年8月第1版
印　　次／2016年8月第1次印刷
开　　本／720×1000　1/16
字　　数／450千字
印　　张／20.5

ISBN 978 - 7 - 5496 - 1767 - 8
定　　价／98.00元

2016 年 4 月 23 日"牛散训练营"江苏苏州站活动

2016 年 3 月 19 日 "牛散训练营" 上海站活动

2016 年 3 月 19 日 "牛散训练营" 上海站活动

2015 年 11 月 7 日 "牛散训练营" 浙江宁波站活动

目　录

第一章　短线基础

第二章　短线上升

第三章　短线震荡

第四章　短线下降

第五章　牢记13种买卖点

第六章　短线交易特有的交易策略

第七章　从初学到赢利

第一章

短线基础

　　证券市场里，最具诱惑的莫过于短线投机了。在这里，诞生了无数的致富神话。但不应忽视的是短线操作也存在较大风险。因此短线操作所需把握的原则和纪律应更为严格和规范，了解和掌握短线操作的基本知识是十分必要的。

　　作为开篇，本章节讲的就是投资人运用短线操作战胜市场必须掌握的基础知识。

短线的概念

一般投资人在买卖股票时，都喜欢频繁地做短线进出操作。不过，你思考过什么是短线操作吗？很多投资人对这个概念含义的认识十分笼统。如果投资人对一项操作的定义不是非常理解，又怎么可能把握最好的操作方式呢？所以投资人在做短线操作之前，一定要对短线的定义有深刻的理解。

📊 短线操作的正确含义有以下几种分类

1. 在股价没有形成明确上升趋势，但近期形成明确的箱体上下震荡走势时，进行一种短周期的操作。根据技术分析，把握住震荡的低点，当股价上涨以后，在相应的高点进行卖出操作。

图1-1是啤酒花（600090）2010年6月到2011年1月的K线走势图，图中显示，2010年8月6日股价收出一根支撑涨停阳线后，便出现了一段周期达五个月的宽幅震荡区间，股价在此区间内大幅上下震荡，这不仅是短线买入好时机，该股日后看好的理由也更充分。

2. 股价在形成中期或阶段性高点后，出现快速地下跌走势，由于短期内下跌幅度过大，引发正常的反弹上涨走势。此时投资人可在下跌过度的低点买入，然后借助反弹获利以后在高点卖出。股价此时上涨周期往往比较短，如果能及时准确地把握快进快出的短线操作方法，一定可以获利。

图 1-1

　　图 1-2 是岷江水电（600131）2011 年 2 月到 7 月的日 K 线走势图。图中显示，2011 年 5 月 16 日股价创出中期高点 11.45 元之后，岷江水电的股价也随大盘指数一起出现快速下跌走势。同时大盘成交量急剧放大，显示大的下降趋势明确。但异常暴跌后，大盘指数很容易反弹上涨。不同之处就是个股下跌时成交量出现萎缩，而大盘指数在这一天出现放量现象，说明个股的卖盘数量较轻。从量能角度来看，个股表现明显强于指数。

　　股价在 6 月 20 日拉回至 6.90 元低点后出现站稳趋势。股价低点获得支撑的第二天，大盘指数出现小幅反弹，而岷江水电的股价出现大幅反弹走势。6 月 23 日首次出现低位缩量涨停，股价形成缩量急跌拉回走势。个股股价无论是 K 线形态还是量能配合都强于大盘指数，短线实现 10% 短期获利不会有什么困难。从该股的后续走势看，股价连续三日缩量涨停，

图 1-2

并且在反弹高位形成一段震荡区间，为短线进出的投资人提供了极好的出局机会。

3. 股价出现持续的上涨走势，风险也呈现逐渐积累形态，为了能够及时回避风险，需要采取降低持股周期的保护措施。持股周期缩短，会使资金处于随时变现状态，以此规避股价突发性风险，此时的短线操作属于对资金的保护措施，这种短线操作方法是保护收益最重要的手段之一。

图 1-3 是海泰发展（600082）2012 年 2 月到 7 月的日 K 线走势图，图中显示，该股股价从 2012 年 4 月 13 日开始，日 K 线连续收出涨停大阳线。出现连续涨停阳线就要持股待涨，没有卖出信号出现之前，也不能凭感觉卖出股票。直到 4 月 25 日收出一根冲高拉回阴线后，才发出卖出信号，卖出信号是发生在创出阶段性高点 6 元之后，股价出现快速的盘中拉回；随后几天出现低开破位走势，就应该坚决清仓离场观望，任何卖在最

图 1-3

高点的企图都是错误的想法。高位冲高拉回说明多方力度衰竭，如果股价在后期出现低开破位现象，就说明空方的力度持续增强，此时只有顺应股价的下跌趋势进行做空，才能确保前期的收益。

4. 当市场整体的上升趋势确立以后，为了提高资金收益的效率，当一支股票进入主升浪以后，投资人便在突破点及时买进，一旦股价出现调整便迅速卖出，再去追逐其他步入主升浪的个股。在股价快速上涨时买入，在调整出现时卖出，不断使资金处于快速获利的状态，这种短线波段操作方法能大幅提升资金利用率。但是在多头市场中做短线操作要留意一旦市场热点把握不准，会很容易错过获利的机会，正是因为很多投资人在多头市场中踏错了市场节奏，才造成指数不断上涨而资金增值缓慢，甚至步入亏损的行列。所以在大盘指数不断上涨的良好趋势下，只要个股股价没有形成真正意义上的调整，投资人最好不要频繁换股，轻易做短线操作。一般来说，再强势的股票也必然会出现短期调整走势，频繁进出会导致操作心态变得较为浮躁，不利于理性作出判断。

短线操作之所以被很多投资人追捧，主要是因为部分投资人过于重视短线操作带来的收益，而忽视了短线操作的风险。任何操作都是一刀二刃，既可以快速实现获利愿望，也可以使账面资金出现较大幅度的缩水。同时任何操作方法只有在特定的时机使用，才能收到最好的效果，绝不能凭借个人意愿随意运用；如果投资人一意孤行，在实战时难免会造成不必要的风险，进而有所缺失。

图1-4是北京城建（600266）和上证综合指数2007年6月到11月的日K线走势图。图中显示，该股股价从2007年6月中旬进入历史高点区域开始，形成震荡筑顶的不良走势。在上涨过程当中，实体阴线不断出现，大幅减缓上涨速度，并且使得股价上涨幅度受限。特别是在6月22日创出历史高点26.60元之后，股价随之出现大阴线，形成调整走势。股

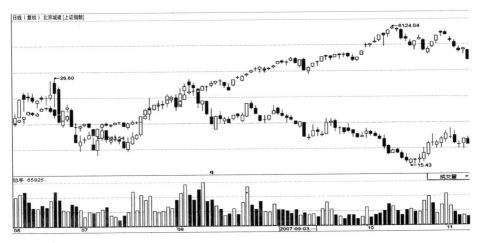

图1-4

价在之后近四个月的时间，由于受到大阴线强力压制，始终不能有效突破前期调整高点，日 K 线形态呈现极其明显的弱势特征。

上证综合指数与北京城建股价同期走势对比情况：上证指数在经过前期震荡上涨之后，形成了连续小阳线稳步拉升的加速上涨走势，并且不断创出上涨新高。虽然此时股价在大盘指数的带动下逐渐回升，但始终无法有效突破震荡区间高点 26.60 元，同时上涨的力度不断减弱。两者同期整体走势出现背道而驰的现象，北京城建股价下跌的趋势越来越明显。藉由对上证综合指数与北京城建股价走势做对比，对于像北京城建这样的在大盘指数上涨过程中，同期上涨幅度少于指数，或呈现相反走势的弱势个股，当投资人手中持有时，应该择机卖出，去寻找市场当中同期走势明显强于指数的强势个股进行操作。

不管是指数还是个股，都会具有其自身特有的运行节奏。所以，我们会发现板块、个股都是"花无百日红"，热点总是要轮换的。能够每次都抓住热点、抓住龙头，自然是每位投资人所期盼的，但事实上没有人能够做到。虽然我们不能尽善尽美，但如果总是蛰伏在冷门品种里面，不光是白白搭上了资金成本，而且还眼巴巴地浪费了一波行情。对于只能做多赚钱的股票市场，一轮行情对于每位投资人来说都是无比珍贵的。

当然，我们并不是鼓励大家去追逐热点。因为只有涨起来以后，板块或者个股才会成为热点，而不是成为热点之后才会涨。这样，问题就来了，既不能蛰伏在冷门里面，又不能追逐热点，剩下的不就是我们买进之后才成为热点这一个选择了吗？没错！这才是我们要追求的境界，也是我们不断学习、研究的目标。

听起来好像有点儿天方夜谭，不过没关系，只要您跟着我们走，潜心学习，相信您一定能够距离这个目标越来越近。

短线操作的原因和目的

任何一项股市操作的根本目的就是希望自己的资金不断保值增值，同时在风险到来时能迅速离场避险，短线操作就具备这样的独特优点。但是因为投资人所处不同的市场环境和技术水准，在做短线操作时，必须确实知道做短线操作的原因和要达到的目的。一般投资人做短线操作的原因大都是下列几项。

首先，通过短线操作可以快速熟知各技术形态和指标。短线操作对于操作技巧的要求、对于反应能力的要求、对于把握行情波动的要求等等比起中长线操作要高很多，适当地做短线操作可以提高投资人这些方面的能力，为稳健的中长线操作打好基础。

其次，通过短线操作可以加深对个股的认识。由于多数投资人有买进股票后才会对个股作较为深入了解的习惯，透过短线小资金参与，可以对个股的认识更加深入。彼得·林奇曾经持有九百多支股票，当别人问他为什么买这么多股票时，他说："买进很多股票的理由就是为了能更好地了解、跟踪股票。"

再次，"长线是金，短线是银"的谚语显示，只要操作得当，短线操作还是能够实现资本快速增值的。短线操作虽然有个致命的缺点——具有

很大的风险，但是如果投资人具有长期操作经验，只要坚持原则，详细分析行情，仍旧可以取得较好的收益。特别是在较长周期的空头中，每一次反弹都会引发更长周期的下跌，下降趋势中的长线持有就像坐过山车。时间成本是高昂的，长线在空头市场中基本上没有多少机会，短线也是不得已而为之的手法，况且一些波段性的短线也可以取得不菲的收益。

图 1-5 是大唐电信（600198）2011 年 11 月到 2012 年 5 月的日 K 线走势图，大唐电信的股价自从 2010 年 11 月上旬开始转入大的下降趋势，长线机会已经完全丧失。但这一长期的盘跌过程也孕育了较多短线机会。仅从 2011 年 11 月中旬出现的快速拉回中就可以发现短线机会正在来临：自 2011 年 11 月 15 日出现一个阶段性反弹高点 12.90 元后，再次出现了快速下跌走势，虽然股价下跌的角度较为陡峭，但是在下跌过程中依然没有较多的量能放出，显示此阶段的快速拉回是主力刻意的打压行为，散户投

图 1-5

资人是不会在长期下跌后继续做空股价的。股价在 2012 年 1 月 6 日收出一根探底回升十字星后，便停止下跌，展开连续反弹的走势，如果投资人在这一天的低点处买入，在后期获得较大的收益是完全有可能的。因为快速缩量下跌必然引发快速反弹。从图中可以看到，该股股价由于公布重大资产重组而停牌，2014 年 4 月 12 日开盘便无量收在涨停，股价随后连续多个交易日收在涨停板，短线升幅巨大。

那么股价短线急跌的低点处有哪些明显的技术特征呢？从图中可以看到，日 K 线在下跌到低点时，距离短期 5 日均线非常远，说明前期仍在场内的投资人其账面都出现较大幅度的亏损。而在股价下跌的低点 7.29 元长下影处还出现了成交量的温和放大的迹象，显示有主力护盘出现，同时也说明有场外资金在盘中静悄悄买入。是谁敢于在股价快速下跌的过程中建仓呢？很显然，只有主流资金和内部知情人士才具备这样的实力。

短线操作除了要对日 K 线的走势进行分析以外，投资人还需要结合及时分时图进行同步分析。如果股价的分时线也同时形成明确的站稳回升信号，那么在下跌时形成了明显的杀跌低吸买点时，投资人就可以积极买入了。

散户投资人进行短线操作的目的无非是想在较短的时间内使资金快速增值，但是事与愿违的投资结果总是困扰大家。实战中，不仅难以快速获利，相反的，经常是较大幅度的亏损。这是什么原因造成的？这是因为投资人习惯于凭借主观臆断进行短线操作而造成的。短线操作并不是获利的唯一途径，其只能在特定的区间，或是在市场波动的特定阶段使用，如果对市场内外或大盘指数的波动性质不加以区分，在任何时候都进行短线操作，无疑就会增加风险系数。此时的操作风险并非只是股价的下跌风险，

还包括频繁交易造成的巨额交易费用的"隐性"亏损：虽然买入卖出价格相差无几，但是频繁操作累加起来的交易成本是很大的。

一般来说，进行短线交易的前提是资金安全，只有在适当的时机操作才能实现获利。之所以选择进行短线交易，就是因为大的波动趋势不具备任何中长线投资价值，投资人只能够在特定的震荡区域通过快速的低买高卖来实现获利。所以当任何长线持股行为都会增加资金的风险时，才是做短线操作的合适时机。另外，当股价具有中长线持续性上涨的机会时，如果放弃适当的短线操作，虽然可能实现一定的收益，但与中短结合的叠加收益相比，会相差甚远。

短线操作有利于投资人在市场整体趋淡时规避风险。实战中，每当股价出现快速下跌时，无论跌幅如何大，都不可能套住真正的短线投资人，因为短线投资人总是可以在风险到来时果断抛出手中的筹码。所以正确进行停损操作才能确保资金的安全，避免深幅套牢的惨剧发生，同时也可以帮助投资人在恰当的时机用较短的时间获得较高的收益。只有投资人真正理解短线操作的原因和目的，才可以更加顺利地进行短线操作，减少不必要的风险，进而使资金不断快速增值。

短线操作的收益

不少人都喜欢做短线，喜欢在强势个股之间做短差，赚取股价每次波动中的价差，以"短平快"式的累积收益来实现资金效益的最大化，同时满足自己不断追新猎奇的心理。但事实上，短线操作追求的利润，很多情况下往往难以实现。这就好像不知目标楼层的人坐电梯一样，上上下下来回好几趟，却不知应该在哪里"下车"。一星期、一个月甚至一年劳累下来，个人账户里的资金往往并未上涨多少，弄不好还可能缩水。用"费力不讨好"来形容短线投资人，实在是再恰当不过了。那么如何才能提高短线操作的成功率呢？这是很多投资人最关心的问题。

一般来说，做短线操作的投资人很少能将一支股票从低点一路持有到高位，而上涨过程中频繁换股必然会错过较多的获利机会，这就是为什么许多短线投资人在多头行情中赚"小钱"的主要原因所在。虽然在单次操作中，投资人能够准确把握住一支短线强势股的主升浪，单位时间里获利的速度较快，在极短的时间便可以获得较大的收益，但是投资人应当明白：在同一段时间内，能够给投资人带来的获利机会只有一次，就算在这段时间内你买入的股票数量再多，也只能说是一次机会，只有过了这段时间才会有第二次机会。

举例来说：在一段时间内，大盘指数与个股同时加速上涨，这就意味着获利的机会只存在于这段时间内，在这一大段上升趋势段内，短线投资人根本没有较多的频繁换股机会，其他的操作机会只能在下一次上升波段形成后才可以把握。正是由于一个大的上升波段内的获利机会只有一次，所以如果投资人换股操作过于频繁，必然导致因选股失误而错失获利良机。并且除非整体市场大的波动形成明确的短线上涨行情，否则主力绝不会满足于小幅获利，只要大盘指数能够持续上涨，主力必然会大力做多股价，而大幅上涨走势的形成需要时间作为积累，由于短线投资人没有做较长时间的持股，所以收益自然不会太大。

　　很多投资人都有捕捉到短线涨停的经历，这种短线"意外"机遇最具诱惑性，会让人感觉短线操作是最完美的操作方法。其实并不是这样，在每年的行情中，能够为投资人提供适合短线操作的机会并不多；换句话说，如果投资人总是不分行情进行短线操作，实现的获利会是很少的。做一个合格的短线操盘手要比做一个合格投资人难得多。在目前的股市中，很少有人能够说清楚自己是在做短线还是做长线。大部分投资人都是长短兼顾，赚到钱就赶紧卖出，套住了就做长线，用时间换空间。也有的相反，赚了钱就握住不抛，套住了就赶紧割肉。

　　最后来谈一谈设定短线预期目标的问题。预定的盈亏标准，要视参与个股的具体表现而定，依笔者的经验预期，获利率大约定在 8％～15％ 较好。若市场走软时，这一标准还可相应降低。在极度疲弱的市场中，则几乎没有超短线操作的必要。如果买进当天已经获利，并且个股走势相当强劲，若遇上涨停或收在全天最高价附近，则可在次日挂略高于前收盘的价位参与集合竞价，否则可视次日走势见机行事。

　　总有投资人问笔者这样一个问题："止赢或者止损到底应该设定在百分之多少最合适？"其实，即便像前文提及的具体比例，也是指一般情况下不得已给出的一个量化说明罢了。因为每一支个股、每一次行情以及每一位投资人个体，遇到这个问题都会有不同的答案，所以真是没有办法来设定一条红线来死板地加以规定。

　　既然无法量化，那我们在实战中又该如何来操作呢？笔者给出的答案是：你的买入理由就是止损的前提。只要当时的买入理由依然存在，就可以一路持有；那个买入理由一旦消失或逆转，不管是赢是亏，就一定果断离场。比如说，当初是根据"均线金叉"进场，一旦股价跌穿均线乃至

"均线死叉"，就要赶紧离场；当初如果是根据支撑线买进，这条支撑线一旦被跌穿，就要卖出，哪怕是支撑线随着时间的推移不断上行，止损价位也要跟随支撑线的上移而随时调整；或者当初是根据"指标金叉"买进，这个指标一旦出现死叉也要迅速离场。

 股票价格距真正的价值很远，这就创造了赚钱的良机。

短线操作应坚持的原则

掌握正确的短线操作方法是必要的，但是决定实战成败的不仅仅是方法，投资人在交易过程中坚守正确的操作原则也是极为重要的。没有正确的操作原则，技术的运用只会是错误百出。虽然理念是比较抽象的，但它却是技术运用的最有力保障。笔者根据自己的实战心得，认为以下的短线操作原则是最重要的，也是投资人必须牢记的。

1. 轻仓操作

决不投入全部的资金做短线。股市只有暂时的赢家和输家，没有常胜将军，短线的波动比长线更加难于把握，短线的失误率要比长线增加很多，所以分散投资风险是十分必要的。一般而言，中长线与短线资金分配的比例以不超过 6∶4 为宜，并且应随着股指的升高和股价的上涨对这一比例进行相应调整。短中线分仓操作不但可以有效防范风险，同时能拥有

更多机会进行短线操作，因为每天都会有好股票出现，每天都有短线买进股票的机会。没有资金，很多短线机会就会稍纵即逝，好的股票也没资金买进。对于短线操作的投资人来说，进行合理的仓位安排，做到进可以攻、退可以守，比较适合短线操作的实际情况。

2. 快进快出

短线追求短时间内达到理想的收益，如果转变为中长线就失去了短线本身的意义。短线主力的主要特点是只做多，不做空，只在行情处于上涨阶段时对其做控盘拉升。而在行情下跌的过程中，短线主力并不控盘。也就是说，短线主力不会把行情的前部发展程序控制在自己手里，当主力将手中所持筹码基本出清后，主力的操作计划即告结束。投资人做短线操作时要把握第一时间，否则得到的不是"赢"，而是最后的"损"。相当多的投资人认为所谓的短线操作实际上只是赚钱时的短线操作，短线被套时就转为做长线，其实这种做法是非常不理性的，也是十分错误的。短线与长线是完全不同的两回事，它们不仅表现在持股时间的不同，在选股方式与减仓成本上也有很大不同。因此做短线的股票就只能做短线，而不能因为被套住了而转为做长线，那样的话，到最后往往只能使账户变成一堆被套的股票，陷入十分被动的境地。因此对于短线投资人而言，有两点应切记的：一是要适可而止，短线投资能有 10%～20% 的收益（弱势之中这一收益目标更应以 10% 为限）就应见好就收，以免来回"坐电梯"，甚至将自己套牢；二是要设好停损，发现行情不对时应及时出逃，以免自己被下跌的行情越套越深。总之，短线操作要干净利落，赔钱和赚钱都是短线，快进快出。

3. 正确增仓或补仓

短线正确增仓或补仓是增加获利的重要途径之一。任何加仓操作的展开都应是事前充分计划好的投资行为。实战中绝对不允许自以为跌幅较大，股价已低就随意进行加仓。同时也绝对不允许在计划中的增仓信号出现后，由于自己对股价继续下跌可能出现的恐惧而延缓甚至停止执行增仓计划。耐着性子等待时机，以及时机出现时果断出击，是专业短线操作高手的最重要基本功。任何随意的临盘操作行为都会因为做多资金的强劲介入，迅速走高甚至涨停。行情处于不明朗期，资金获利变现的欲望很强烈，在随后的时间里，必然会遭到获利盘的打压。投资人可以在股价遇阻，出现技术调整时出局，耐心等待调整结束或再逢低吃回，高卖低买，来回做波段。另外，在任何反弹或震荡行情中，最大的机会属于强势股，增仓或补仓资金千万不可杀进冷门股、弱势股和技术图形上走坏的呆滞股。由于股市受到持续走软的大环境影响，大盘股很难有大行情，投资人应重点关注绩优小盘股。大盘连续下跌的过程中，套牢资金是众多而庞大的，套牢盘的压力很大，增仓或补仓操作中要考虑这个因素。而新股由于没有这样的压力，其股价恢复就比老股要快。

4. 把握强势股

只有那些强势股才能够实现短线操作的最终目标——最短时间内获取最大收益。很多股票基本面较好，技术形态也不错，但仍处于蓄势调整中，这样的个股虽然后市上涨的可能性非常大，但并不适合短线操作，因为股价上涨的时间难以把握，很多情况下，这些个股在盘整时可能出人意料，短线介入这些个股会浪费很多时间，从而违背短线快进快出的原则。

另外，有部分投资人总是喜欢股价很低、业绩也不错的个股，但对于这类个股很难判断其何时出现反弹，而且即使其出现反弹，力度和持续性也难以有较好表现，可操作性不强。总之，短线操作要坚决回避那些跌不止的股票以及那些处于盘整期蓄势的股票，而只应操作那些强势上攻状态的股票。

短线操作风险的控制

任何一种操作模式都有其适用性与风险性，绝对不可能有一种既没有风险又可以大幅获利的操作方法。股市如战场，买者与卖者在博弈，主力与散户在博弈，每一个参与者无不想在搏杀中摘取胜利的果实。特别是短线操作，基本上不考虑公司股息收入，单纯从买卖博取涨跌的差价，其结果往往会变成零和游戏：有人获利出局，自然也有人高位套牢。虽然短线操作有较好的方法来规避股价波动产生的风险，但是并不表示参与者做短线操作时都能化险为夷。

短线进出本身是一种快速回避风险的方法，这也是它操作上的特点和优点之一；但是由于其操作的周期短，必然会增加错过累积获利的风险。也就是说，投资人频繁进行短线操作最大的风险就是很容易错过中长线牛股的获利机会，造成在股市中表现为追涨杀跌、低卖高买、贪得无厌、该卖不卖、举措失当和患得患失。道理大家都明白，却往往又克服不了。获利者往往具有敏锐的目光、准确独到的判断能力，更重要的一点就是克服了自身的弱点，坚守信条，战胜自我，有着严格的纪律。

　　一般来说，中线牛股在上涨过程中总是会出现各种调整形态，如果投资人使用短线方法操作，虽然可以把握住一些上涨时最好的买点，以及可以在调整时及时卖出，但是必须面对这样的现实：没有任何投资人可以完美地把握住中长线个股上涨过程中所有短线震荡的高点和低点。这样一来，就难免会错过大幅获利的机会。树立长线短做的思路可以帮助投资人克服短线操作中的坏习惯，用投资心态去买，用投机心态去卖。买股票时要做好一个准备，那就是长期持有这支股票。因为很可能有各种原因导致较长期持有这只股票，所以选股要非常谨慎，最好以投资的心态去选择；而在卖出时，抱有一种投机的心态，有利润就走，满足卖出条件就走。这就是理性的短线操作。

　　能产生巨大利润的股票往往就是那些连续上涨的个股，然而一旦股价出现调整走势，短线投资人一般会选择卖出操作，而不愿意把时间浪费在股票的调整过程中。这种操作心态一旦形成，会错失股价调整结束后再度上涨的获利机会。多数短线参与者往往只抓住一些小的利润段，而错过股价后期大幅上涨的收益机会，这对于短线投资人来讲就是最大的风险。当然，容易错过机会的风险可以通过提高技术分析的方法来回避，只要做短线操作的投资人对股价调整时的 K 线形态、成交量性质和各项技术指标进行细致的分析，便可以认清股价走势脉络，把握住时机。

　　如果调整走势的出现是由于主力明确的震仓操作，那么投资人就应适当延长持股的周期，只有这样才能牢牢捉住短线的强势股。但是如果调整时 K 线形态、成交量等技术指标所反映出的是主力出货，那么投资人就需要无条件卖出手中的股票。若要避免短线操作错过中线获利机会，就需要

投资人对各类技术分析手段进行深入的学习和研究。

但是，大多数投资人总是把目光盯在如何寻找牛股、抓住黑马上。当然，我们是要研究怎样才能买到能够获取更大收益的股票品种，毕竟我们来到这个市场是希望赚取更多财富的。但市场运行的方向并不是单一的，因此市场提供给我们的也就不可能只有机会，它还会存在另一个方面，就是风险（而且在多数情况下这个风险的占比还要大于机会）。

既然生存在这个市场，就要研究这个市场，当然也就不能只是看到它光鲜的一面，黑暗的一面也是不能回避的；只有最大限度地规避了风险，才能有更多的资本去把握更多的机会。就像战士上了战场，一心想着奋勇杀敌当然是值得提倡的，但如果不把安全问题放在前提位置，连命都保不住，又何谈杀敌建功呢？一个老兵之所以能够身经百战，一定是在保障个人生命安全这个问题上有着独到的经验，他才有资本去身经百战，而没有早早就壮烈牺牲。

搞懂了这个问题，当股价疯涨的时候就不要得意忘形，因为风险随着股价的上涨也正在逐渐地积累，量变到了一定程度自然要发生质变。另一方面，买进股票之后，一旦发现情况不妙，要懂得认小亏而躲大亏，要及时出脱手中的筹码。很多投资人害怕：自己刚卖掉股票股价就涨起来，如果那样的话岂不是把机会扔掉了吗？确实有这种可能。但您有没有想到，在扔掉所谓的机会的同时，风险也被我们抛掉了啊。

第二章

短线上升

　　判断股价会如何上涨的方法，主要是比对短线做多和做空的力道，如果做多的力道远大于做空，那么股价必然会展开连续性的上涨走势。在比对多空力道时，一般从以下分析入手：短线急跌时的角度特征、低位区域的 K 线特征、突破上涨力道大小、短线诱空破位时的成交量变化和及时分时均价线的变化。

　　短线 K 线特征和盘势的波动形态会以最直接的方式提示投资人多空力道的大小，这是投资人分析股价在运行趋势中能否持续上涨的最关键因素。而短线成交量的变化，则反映了主力及场内参与者资金的流向，通过查看全体参与者的资金流动变化可以判断上涨的持续与否。而及时分时均价线的快速变化，则预示整体运行趋势的快速反弹；在短线调整结束之后，股价必然会不断持续上涨。

急 跌 买 进

1. 原理概述

股价在下跌时，持续收出实体较大的阴线，显示盘中做空动能很强，在没有资金介入的情况下，股价很难出现有效上涨，同时主力通过人为控制股价使其产生大幅下跌走势，给其他投资人造成一种巨大精神压力，从而使其因为恐慌而卖出手中的股票。这样一来，主力不仅可以买到较多的股票，也可以最低价格顺利完成建仓。但是当股票持续下跌以后，就为以后造出巨大的上涨空间；当有投资者对上涨空间感到满意时，就会有资金入场做积极的操作。

股价在快速下跌时，由于没有资金入场，所以成交量非常小，卖盘的数量少，主力手中的筹码自然会减少，那么怎样才能买入更多的低位股票呢？由于股价前期已经历了较大幅度下跌，人气散淡，新的上升趋势还没有形成，因此投资人心态还不稳定，只要有新的下跌便会因为害怕而卖出股票。所以通过上涨无法买到大量股票时，主力便开始以打压的方式吸收筹码，并通过对倒将股价快速打落下来，投资人一看股价出现大幅破位下跌走势，纷纷感到恐慌，于是抛出手中的股票。

低位区域的巨量卖盘纷纷出现与主力资金不断买入，使得成交量在打压的低点形成近期的巨量。巨大的成交量显示主力利用这种方式顺利增持筹码。打压建仓工作完成以后，股价便再度形成上升趋势，无法看破股价放量急跌原因的投资人很容易上主力的当；但是只要投资人认清放量急跌

的性质后，打压的低点不但不应当卖出股票，反而应当积极地随主力一起进行建仓操作。

股价在大幅下降行情末期，如果出现股价急跌走势，伴随成交量快速放大的现象，是可靠的入场信号。因此投资人在入场操作前，先要研判股价所处整体趋势的位置。笔者根据交易经验发现，急跌后往往还会继续下跌，盲目反向操作很可能会落入主力设下的陷阱，所以在买入前，应认真分析股价所处的周期性位置，经确认跌到低位后，才可进行操作。在没有确认下降趋势结束前，任何操作都具有风险性。笔者认为，逢急跌放量买进股票后，如果出现不涨反跌的情况且跌破事先设置的停损价位时，应认赔离场——切记跌势中现金为王。同样，对于短线急跌买点形态，还需要借助各类 K 线形态和技术指标进行分析，这样做可以提高研判的准确性。下面结合实际案例对短线急跌进行详细的分析和解读。

2. 经典案例

图 2-1 是中恒集团（600252）2011 年 10 月到 2012 年 3 月的日 K 线走势图。图中显示，中恒集团的股价在 2012 年 1 月 31 日探出中期低点 7.12 元之前，出现两次较为明显的下跌走势。2012 年 1 月上旬，股价在低位区域首次出现下跌站稳现象，随即出现一波缩量反弹走势，反弹力道和幅度极其有限，这是什么原因呢？因为股价属于盘跌形式进行，下跌并没有过度，跌得不够，后期就难以出现强势上涨。2012 年 1 月 18 日股价再次转入下跌，股价在 18 日以跌停板的方式跌破了第一次下跌低点，这种走势很容易给投资人造成一种低位站稳趋势被破坏、股价仍将要继续下跌的感觉，但其实转机就在破位时出现。

图 2-1

　　图 2-1 显示，股价在 19 日继续跌停，从成交量的变化可以看到，第二次跌停板的成交量进一步减小，显示盘中的卖盘已经非常少了。为什么股价下跌卖盘却减少？因为主力已经买下绝大多数的股票，只要主力不卖，成交量就不会放大。当股票出现缩量下跌走势时，涨跌拐点也就快要到来了。1 月 20 日再出现跌停板现象，从 20 日分时盘可以看到，股价开盘缩量跌停。缩量杀跌完成以后，随后便被巨大的买盘托起；分时股价线的上扬，显示盘中多头力量开始不断增强，空头力量不断衰竭；成交量的巨幅放大，也确认了中期底部的到来。此时投资人应当及时入场进行操作，因为这种走势便是急跌拐点最明显的技术特征。拐点形成以后，股价便出现连续上涨。

　　中恒集团的股价由于连续三个交易日内收盘价格跌幅偏离值累计超过 20%，公司采取停牌措施。2012 年 1 月 31 日股市重新开盘，在收出一根十字线以后，随即展开一轮持续的反弹行情。谁说底部难以把握？只要有正确的方法，底部便不会错过，道理非常简单——底部急跌拐点的出现

就意味着股价底部的到来。从图 2-1 可以看到，从急跌低点 7.12 元算起，股价经过 8 个交易日，2 月 13 日股价收于 9.91 元，短线升幅达 39.19%。因此只要采用正确的操盘方法，实现短线获利并非难事。

图 2-2 是华芳纺织（600273）2012 年 3 月到 8 月的日 K 线走势图，图中显示，华芳纺织的股价在大的下降波段中很少出现实体较大的阴线，往往是小阴线夹小阳线出现，这种长期阴跌走势说明盘中做空力度还是很大的。虽然在下跌途中也出现过阳线，但这些阳线实体都非常小，而且根本无法连续出现，说明盘中做多力度非常虚弱，股价根本没有能力持续上涨。在下跌途中，阳线的形态往往是盘中资金变化的最佳说明；如果阳线没有反映出任何资金介入迹象，此时千万不可入场操作。只要股价没有出现急剧下跌，是绝对不会出现上涨走势的。

图 2-2

短线急促下跌有什么特征呢？首先，股价在短时间内出现大幅下跌，阴线的实体与下跌中期的实体相比明显变大。为什么下跌幅度大、下跌力度大反而是好事呢？因为随着下跌的延续，当股价出现大力度下跌时，盘中的空头力度也在以最快速度消耗，虽然股价看起来跌得厉害，但其实下跌已经成为强弩之末。图 2-2 显示，2012 年 7 月 16 日随着华芳纺织收出一根跌幅达 7.98% 的大阴线，盘中的做空动能越来越小，成交量在底部时越来越小便是最好的证明。在股价有了过度下跌走势以后，投资人要敢于在阴线出现时逢低介入，或者等到急跌之后出现阳线时再入场操作，这样做便可以在第一时间把握住获利的机会。

从图 2-2 可以看到，2012 年 7 月 17 日华芳纺织的股价创下盘中低点 4.43 元后便一路急拉至涨停的位置。在股价涨停时，成交量不但没有出现放大，反而形成萎缩的迹象，而量能没有放大，股价便可以大幅上涨。这种走势说明主力已经在盘中做好准备，因为增持了大量筹码，所以在股价上涨过程中卖盘的压力很轻，只需要动用很少的资金便可以推动股价展开上涨行情。从图 2-2 可以看到，从急跌低点 4.43 元算起，股价经过 4 个交易日急拉走势，7 月 20 日股价收于 6.58 元，短线升幅达 48.53%。面对这种短线持续缩量涨停的走势，投资人一定要在盘中进行积极的追涨操作。虽然成交量没有放大，但是主力资金做多的力度却非常大，而个股形成的上涨行情除了与资金入场的数量有关以外，更多情况下还与资金做多力度的大小有直接关系。

图 2-3 是甘肃电投（000791）2011 年 5 月到 2012 年 1 月的日 K 线走势图，图中显示，甘肃电投的股价从 2012 年 1 月上旬出现一轮短线急涨行情，虽然股价升幅巨大，但依然有很多投资人没有把握住机会，这点可

图 2-3

以从成交量处于萎缩状态得到证实。想要在短线个股中获得较高收益，一定要在真正的底部及时买入。那么底部又在哪里？底部就在涨跌拐点信号出现的时候。

图 2-3 可以看到，股价在下跌时，从 2011 年 6 月上旬至 11 月下旬曾经出现一段较长时间的弱势横向震荡区间，这是股价的底部吗？不是！因为股价的主要趋势并没有发生变化，波动重心是在不断下移，说明盘中的卖盘数量远大于买盘数量。在股价方向未明时，无论是持仓还是空仓都可以暂时维持现状，只有在股价出现明确趋势以后才可以顺势操作。股价之所以涨也涨不上去，跌也跌不下来，形成横向震荡的走势，就是因为没有过多的资金在此时进行操作，所以成交量往往在股价横向震荡时呈现无量状态。只要股价的趋势继续向下，就算震荡区间没有明显的风险信号，在股价弱势震荡的过程中，也必然会有明显的技术信号可以提示投资人盘整格局即将被打破。

　　股价怎样才会形成趋势反转的拐点呢？从图 2-3 可以看到，股价经过了五个月震荡走势以后，2011 年 11 月 30 日出现破位下跌走势；在跌破弱势震荡区间的低点时，便可以认为主要下跌趋势仍将持续下去，因为震荡破位走势的出现意味着股价上涨无望，同时由于主要下降趋势仍没有得到有效缓解，因此应坚决看空后市，不宜在弱势区间频繁进行短线操作。股价向下破位意味着拐点即将出现。虽然 2011 年 11 月 30 日跌幅达 7.85％ 的这根跳空向下的阴线使得下降趋势更加明显，但是为什么破位出现成交量反而更小呢？缩小的成交量说明盘中的买盘数量并不多，那么对于这种下跌量价现象应当如何分析呢？

　　股价的破位其实是盘中做空动力集中释放的信号，也就是大家所说的"最后一跌"。连续的下跌空头力度越来越虚弱，再加上出现破位，空头杀跌动能彻底消耗殆尽。破位阴线出现以后，股价经历较为陡峭的下跌形态后，较有力度的上涨阳线随之出现：2012 年 1 月 6 日股价低开并创下低点 4.68 元之后，股价一路走高，以一根低开走高涨停阳线收盘。而这根底部涨停阳线是以缩量形式出现，意味着主力短线拉抬意愿极其强烈；在多头力度越来越强大时，投资人有什么理由不及时入场进行操作呢？力竭阴线与做多阳线的出现就是涨跌拐点最明显的特征。从 2012 年 1 月 6 日低点 4.50 元到 1 月 12 日的 7.20 元收盘价，连续 5 个交易日升幅达 60％。由此看来，投资人来到股市是要获利的，对短线底部的把握也就显得很重要，那么短线底部可以准确判断出来吗？答案是肯定的！

买其所值，卖其疯狂。

图 2-4 是中恒集团（600252）2011 年 12 月到 2012 年 7 月的日 K 线
走势图。图中显示，中恒集团的股价在 2012 年 1 月末至 4 月初出现两次
较为明显的底部；每一次底部形成后，股价都出现短线快速上涨，而想要
把握住更高收益，就只有在底部特征形成时尽快入场。底部是股价快速急
跌方式形成的，散户投资人对快速变化的走势较难把握，盲目杀跌完后又
缺乏及时补仓的勇气，对市场盲目悲观。但实际情况却并非如此，底部的
特征与股价顶部的特征都是非常容易识别的。

从图 2-4 可以看到，2012 年 1 月下旬月股价出现连续缩量跌停；跌
停大阴线的连续出现，给仍在场内的投资人带来巨大风险。但是随着股价
下跌幅度增大，投资人也需意识到，快速的下跌必然会引发快速的反弹。
每一次股价形成短线底部时，其下跌速度都是非常快的，而快速下跌便是
底部形成时重要的技术特征。1 月 31 日一根探底回升十字星出现以后，反
弹行情快速出现。从图 2-4 的走势可以看出，股价停留在低点的时间非常

图 2-4

短，这种底部不允许投资人有丝毫犹豫。一旦犹豫，股价便很难再出现低点时的价位。跌得快、涨得快是短线急跌回升的最大特点。

股价在第二次形成下跌走势时，较前一次缩量急跌不同，这次出现了放量下跌走势。随着大阴线走势出现，很多投资人认为下跌还要继续，但转机却恰恰在此时出现：股价不但没有跌破 1 月 31 日低点 7.62 元，反而出现持续上涨。为什么会这样呢？这是主力故意打压股价制造的假象，目的就是为了让投资人不敢在底部入场操作：如果低位买入的投资人太多，就会影响主力操作，第二次放量急跌有清洗浮筹的效果，正好帮助后期股价的上涨，主力从打压过程中的量能变化便可以判断投资人是否入场。

从图 2-4 可以看到，4 月 10 日再次收出一根长下影十字线，由于第二处低点高于第一处低点，展现了盘中做多力量的强大。这根低位长下影十字线将许多投资人清理出局后，主力的意图也就达到了，于是第二天股价便再次快速上涨，根本不会再给投资人留下好的低点介入机会。虽然 4 月 10 日的这根长下影十字线量能仍处温和状态，但是在随后的拉抬中却真正吹响了主攻的号角。股价后续上涨中，基本上没有多少阴线出现，新一轮上升走势的形成，意味着股价在后期还会继续上行。正是因为"长针探底"的底部特征非常明显，所以后期才会出现持续上涨。掌握了底部的特征便等于找到了股价急跌的拐点；而在急跌反向位置买入，获利的机率才会大幅提高。

图 2-5 是华芳纺织（600273）2011 年 6 月到 2012 年 7 月的日 K 线走势图，从图中来看，华芳纺织股价的急跌短线买点要怎样才能形成？首先，要求在上涨之前曾出现过大幅下跌：股价跌得越多，则后期

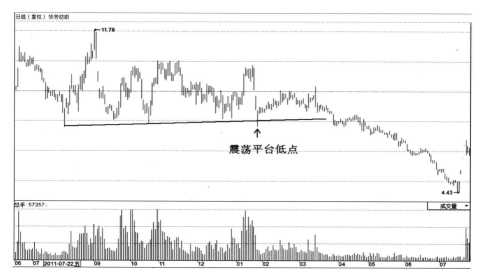

图 2-5

上涨的空间也就越大。如果没有出现过度下跌，往往很难形成真正有效的底部。

　　从图 2-5 可以看到，华芳纺织的股价在 2011 年 9 月中旬至 2012 年 4 月下旬这段交易区间内，形成一段跨度较大的下跌中继震荡平台，震荡区间的低点是 2012 年 1 月 20 日的 7.38 元。股价在 2012 年 4 月下旬出现了震荡破位走势，震荡整理格局被打破，股价在不到三个月时间内，便下跌了近 66.29%，直到 2012 年 7 月 17 日才探明中期低点 4.43 元。这么大幅度的下跌，特别是 7 月中旬的快速急跌，足以引发股价出现一轮暴涨的行情。因此对于这些下跌幅度较大、末期下跌速度较快的股票，一定要重点关注。随着位置越来越低，短线买点会随时出现。在急跌买点出现以后，股价在较短的时间内重新上涨到起跌的位置，因此如果投资人在低点处买入，过不了多久就可以实现获利。

　　从图 2-5 可以看到，在 2011 年 9 月中旬至 2012 年 4 月下旬这段中继型震荡区间内曾出现过多次震荡形底部，股价在这个区间内先下跌后上涨，量能呈现出堆积放大现象，然而这是真正的获利机会所在吗？并不是！首先，仔细看股价整体的跌幅：比对其历史走势，股价仍处于高位阶段。股价的整体跌幅很小，这么小的下跌空间不足以引发较大中期上涨行情的出现。而且股价身处高位，正是主力出货的区间，上涨的幅度又怎么会很大呢？所以在高位出现的下跌，并不是安全的短线买点，虽然有多次弱势反弹上涨走势出现，但这些都是主力为了顺利出货而进行的拉抬。

　　华芳纺织 2012 年 7 月 17 日的股价分时图显示，股价探底 4.43 元后出现缩量急升行情，并且很快被拉至涨停的位置，这种现象显示股价下跌空间已经封闭，上涨空间即将打开。低位收出缩量探底回升大阳线的出现，意味着后期上涨空间变大，主力怎会放过这个难得的机会？从图 2-5 可以发现，股价在过度下跌成交量再次形成低量以后，急跌回升拐点再一次出现了。大幅的下跌加上极小的成交量，便是第二次底部短线买点的重要特征。从 2012 年 7 月 17 日的低点 4.43 元开始，股价经过短短 5 个交易日，最大涨幅达 48.53%。如果投资人掌握了短线急跌买点的特征和应对方法，对于这种突发性上涨行情是可以成功捕获起涨点的。

　　图 2-6 是安彩高科（600207）2012 年 5 月到 10 月的日 K 线走势图，图中显示，安彩高科在 2012 年 7 月下旬至 8 月下旬的底部区间，曾出现两次连续的短线快速反弹走势。股价的短线上涨便意味着获利的机会，那么投资人应当怎样把握类似安彩高科股价上涨带来的机会呢？方法并不难，只要掌握了股价短线急跌买点的技术特征就可以。

图 2-6

　　股价在第一次见底时，出现快速急跌。2012 年 7 月 31 日出现一根破位下行阴线，随后连续 3 个交易日出现跌停走势，8 月 2 日探底 2.53 元，短时间内便有较大跌幅。看到 K 线连续急跌收阴，场内外投资人无不感到下跌的趋势仍将继续，但是底部总是在投资人感到绝望时形成——快速下跌意味着后期将会出现快速上涨。因此在股价短线有了过度的下跌走势以后，投资人一定要敢于逢低买入，就算没有买到最低点，最多只会底部盘整上一两天，一旦后期上涨展开，股价必然会连续收出实体较大的阳线，使资金快速增值。图 2-6 显示，从 2.53 元低点开始，经过 6 个交易日的急速拉升，至 8 月 10 日收出一根短线见顶锤头线 3.34 元时，短线升幅达30.02％。

　　8 月 17 日安彩高科董事会公布了一则利多消息。第二次快速下跌买点时，成交量并没有放大，仍旧是萎缩的，这意味着什么？我们先看一下整体走势，股价跌到底部时，已经出现较大的下跌，大幅的下跌意味着后期的上涨空间也是很大的，此时主力怎么做才可以最大限度实现获利？当然是继续锁定底部筹码待涨。此时的缩量可以证实先知先觉的主力在场中已经持有大量仓位，主力底部锁仓，那么股价怎么可能会不涨呢？所以低位的缩量急涨往往升幅较为可观。图2-6可以看到，从8月17日的收盘价2.95元开始，股价22日连续出现三个缩量涨停阳线，短线涨幅达33.56%。一般来说，无论股价底部出现缩量走势还是放量走势，只要跌幅够深，股价都可能出现大幅上涨走势。

不论你使用什么方法选股或挑选股票投资基金，最终的成功与否取决于一种能力，即不理睬环境的压力而坚持到投资成功的能力；决定选股人命运的不是头脑而是耐力。敏感的投资者，不管他多么聪明，往往经受不住命运不经意的打击，从而被赶出市场。

低 位 买 进

1. 原理概述

股价自高点运行趋势发生反转后，便出现中期下跌走势，股价长时间保持下跌状态，而股价跌得越深越具有操作价值。但是在股价跌到真正底部之前，是不能盲目入场操作的，必须等到可信的买点出现才可以进行操作。在股价下跌到真正底部会出现哪些技术特征呢？当股价完成一轮急跌走势后，多会出现正常的弱势反弹，这类反弹与下跌时的反弹完全类似，不仅反弹幅度小，而且反弹时间也短；另外，虽然反弹的走势完全一致，但是反弹过后的走势却出现极大不同。一般反弹过后股价会再度拉回，但这一次拉回却没有再次创下新低，反而形成一处不同形态的底部，这种走势意味着盘中做空动能已经严重不足，卖盘再也无法对股价的下跌形成控制。

从另一个角度来讲，多头已经在此时悄然占据了主动。当股票下跌出现反弹以后，如果后期的下跌不能再继续创新低的话，那么投资人就需要在低点进行建仓，因为这种走势就是低位买入形态最明显的技术特征。新低无法出现，说明下跌过程中空头已经耗掉了所有的动能；空头已死，多头自然会奋力反击。

在股价下跌的过程中，投资人应当如何提前预测股价下跌行情将要结束呢？首先，要对成交量的变化进行分析。在股价下跌的过程中，成交量始终保持萎缩的态势，表示下跌过程中没有大量资金入场做多；而资金迟迟不入场操作，股价的上涨行情就不会形成。经过长时间下跌以后，在底部区间成交量出现连续放大迹象，量能的放大说明资金正在盘中积极进行建仓的操作。并且当成交量在每一天都以相同速度保持放大的速率，量能有规则地放大，说明资金的介入积极性非常高。在资金积极推高股价时，就需要及时进场进行买进。短线个股上涨的速度非常快，投资人在买入股票时，交易的速度也必须很快。只要成交量没有出现异常放大和萎缩的迹象，上涨行情便会不断延续。虽然在底部区间也会出现幅度不同的反复走势，但是股价拒绝创新低已经向投资人说明行情性质的改变。

对成交量变化进行分析后，投资人还需要对低位区间的 K 线形态变化进行分析。只有分析 K 线形态的变化，才可以得到更贴切于股价真实波动的结论。股价下跌的周期越长，趋势拐点形成的时间也就相应越长。在股价进入底部区间以后，出现了一个非常明显的技术信号——大实体的阳线总是在底部区间之内不断出现。

主力资金在建仓时，需要使持仓成本保持在一个较小范围内，因此在同一个低位区内，收出的大实体阳线数量越多，便越意味着主力资金建仓的积极性越高。同时随着买盘不断入场，大实体的阳线也随之出现，而且大阳线的实体一根比一根大，说明盘中资金做多的力度开始增强。资金做多的力度大于做空的力度，股价连续上涨的可能性就大。特别是在低位区间出现突破性大阳线时，这一根阳线就把末期下跌过程中的数根阴线全部吞没。无论是 K 线的形态还是成交量的变化都向投资人发出明确的趋势将要转变的信号。因此一旦股价在后期有上涨迹象并进一步明确时，就需要积极入场做多。低位买入操作如果把握准确，不仅投资中短线持筹心态稳定，而且能在很短的时间内实现较高的收益，这也是投资人为什么愿意

努力寻找大底进行操作的主要原因。下面笔者就借由对个股案例的详细讲解，让投资人明白应当如何进行低位买入。

2. 经典案例

图 2-7 是深信泰丰（000034）2011 年 8 月到 2012 年 3 月的日 K 线走势图。图中显示，深信泰丰的股价在 2012 年 1 月上旬上涨之前出现持续的下跌走势。在下跌过程中，阳线的实体普遍偏小，阴线的实体则较大，这说明空头力度较强而多头力度较弱，因此下降行情才可以不断延续。2012 年 1 月 5 日探出 3.41 元中期底部之后，深信泰丰的股价在随后的一个交易日（1 月 9 日）便收出一根涨停阳线的走势，比对下跌途中的阳线来看，这一天的涨停是下跌实体最大的一根阳线，因此投资人可以将这一天的走势视为短线机会到来的信号。

图 2-7

从图 2-7 可以看到，在 2012 年 1 月 9 日的这根大实体阳线向上有力度地对下降趋势做修复；随着缩量涨停大阳线出现，股价的短期底部因此形成。投资人在这个时候应当如何操作呢？股价跌得有多深，后期涨得就会有多高，特别是底部出现攻击力度极大的大阳线时，股价后期的上涨速度必然很快。因此想要把握住获利机会，投资人一定要敢于进行低位短线追涨的操作。由于股价前期已经出现较大幅度的下跌，同时由于短线上涨形态一般来说都比较单一，所以当低位大阳线出现时，操作的安全性很高。因此，对于股票底部的缩量上涨，投资人不应过于谨慎。越是底部缩量大阳线，反而越应当入场进行积极操作。

图 2-7 显示，1 月 9 日大实体长阳线的出现，说明操作机会的到来，而只有筹码锁定，才会出现缩量的长阳线，因此在持续下跌后或形成下跌趋势后出现突破下跌趋势的筑底型大阳线，就意味着底部到来，至少会出现修复性反弹行情。对于积极的投资人来说，如果此时买进短线强势股，那么股价将加速上涨，途中不会给投资人再次买入的机会。例如从图 2-7 看到，股价从阶段性低点 3.41 元开始，连续收出四根涨停阳线，短线升幅达 40.11%；如果投资人买到的不是短线黑马，那么就要为自己的研判失误付出一些代价，也就是说要忍受短时间内被套牢，但在这个位置买入的风险很小。

图 2-8 是兴业矿业（000426）2011 年 11 月到 2012 年 3 月的日 K 线走势图。图中显示，兴业矿业的股价在 2012 年 1 月上旬时出现了一轮持续上涨行情。而在股价形成较大的上涨趋势后，买点的种类其实仍然有很多，既有中位追涨买点，也有调整的底部低吸买点；但是中期调整的买点只有一次机会，一旦错过就只能关注追涨买点了。

图 2-8

　　低位买点应在何时使用？要如何低位买入才可以实现最有效率的获利？首先，我们要理解，低位买点买的时机是股价明确出现底部信号，因此必须买在股价形成转势拐点的位置。如果股价大的趋势仍旧不明，便不能一看到股价跌幅较深就盲目买入。将低位买点设置在股价调整结束时，或是设置在股价探底回升并创出盘中新高时，是最好的办法。一旦股价调整结束，就会再次展开上涨行情，此时进行追涨操作可以实现获利。而当股价突破前期高点时，突破的形成表示新的上升趋势形成，投资人在此时操作，同样可以实现好的收益。

　　图 2-8 显示，兴业矿业的股价从 2011 年 11 月下旬到 2012 年 1 月经过短线快速下跌后，股价于 2012 年 1 月 6 日在低点区间收出一根带有较长下影线的小阳 K 线。这根 K 线出现以后，意味着股价的调整结束，并且在后期展开了一轮连续上涨的行情。图 2-9 分时盘显示，1 月 5 日略微

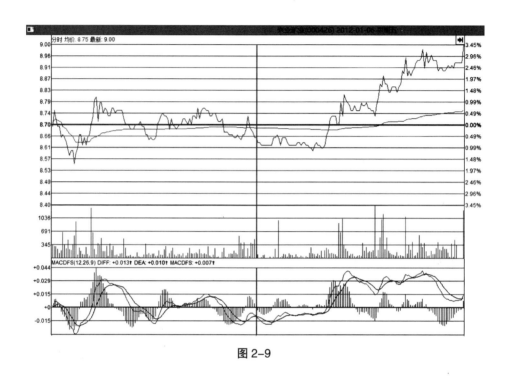

图 2-9

开高后，股价在盘中下跌说明空方力度较大，跌幅也就较大，股价创出中期调整低点 8.55 元，显示空方力度仍旧较大。如果此时多方无力反击，股价仍将继续探底走势，但是如果在股价下跌结束后，如何下跌的又如何涨了上来，就说明多方的力度比较强大，快速下跌大幅释放了做空动能，因此在股价后期上涨时，空方无力再将股价打落回去，从而在 K 线图上留下了一根较长的下影线。

从图 2-8 可以看到，在股价下跌的中途，很少出现带有长下影线的阳 K 线，因此空头此时占据着场中的绝对主动，多头无力还击。在股价上涨过程中，也较为少见带有长下影线的 K 线，这是因为多头占据着绝对主动，空头无法将股价大幅打落。只有在股价连续下跌的末期，带有长下影

线的阳 K 线才会经常出现，股价在分时盘呈现下跌之后又再度拉回，直接预示多头空头双方在盘中争夺的过程以及此消彼长的力度变化。图 2-8 显示，股价 2012 年 1 月 5 日收出探底回升长下影阳线后，就出现了持续不断的上涨。由此可见，把买点确立在股价第一次创出阶段性低点后当天最高价收盘处是多么重要。而想要把握住利润，获得最大收益，买点必须要设定得很合理。

　　图 2-10 是大唐电信（600198）2011 年 10 月到 2012 年 5 月的日 K 线走势图。图中显示，大唐电信的股价在 2012 年 4 月中旬加速上涨之前，出现大幅下跌走势。股价的走势往往具有对称性：跌得越急、越深，未来的上涨也就越快，涨幅也越大。如果不能在低点及时买入，那么一定要敢于在低位突破之时进行追涨操作，只有这样才不会错过行情。

图 2-10

图 2-10 显示，大唐电信的股价在 2012 年 1 月 6 日探出 7.29 元阶段性低点的前后一般时间内形成强势低位震荡的走势。从前期缩量下跌的走势中可以得知，这种低位盘整走势显示的是主力的建仓行为。主力建仓时，不仅会在 K 线图上留下明显的痕迹，在成交量的变化上也可以给投资人提供很多有价值的信号。

从图 2-10 可以看到，股价在探明 7.29 元低价之后形成初步上升趋势，此时我们应当如何正确追涨呢？首先，要看成交量的变化。如果成交量没过分放大，说明主力没有借机出货；主力不出货，股价的波动就是安全的。其次，一定要在实体较大的阳线形成时入场追涨。大阳线的出现，表示股价的上涨速度会越来越快，如果不以最快的速度追涨，必然会错过大好机会。

按照上述方式买入，就可以看到股价在 4 月 12 日复牌之后，开盘便封于涨停的位置，成交量急速萎缩。与前期 7.29 元低点附近的成交量相比，此时量能非常稀少，这种突破底部震荡平台的走势说明主力在前期进行了大量建仓。主力买下的股票越多，流通盘的数量就会越少，成交量就会变得越小。配合股价强势低位震荡的走势，投资人就可以确定这是具有上涨潜力的个股。借由对极度缩量区间进行分析，可以找到主力持仓量极高的股票；特别是极度缩量并且强势特征明显的个股，后期的上涨潜力更大。

图 2-10 显示，大唐电信的股价从 2012 年 4 月 12 日收出突破性缩量涨停阳线后，股价加速上涨，仅 4 个交易日，股价涨幅就达 38.94%，短线升幅可观。股价在低位收出缩量长阳线，上涨风险更是比其他追涨操作风险要小得多。为什么？因为股价突破这个底部形态时再次出现缩量——

无量长阳线，而且成交量比前期小很多。股价创出突破性新高，成交量却再次缩小，说明主力高度持仓，所以该股上升行情依然没有结束。

　　图 2-11 是★ST 凤凰（000520）2012 年 7 月到 10 月的 K 线走势图。图中显示，★ST 凤凰的股价在上涨时，底部突破买点也是非常明显的。9 月 27 日一根开低走高涨停大阳线的出现，表示底部的形成与上涨的开始，虽然股价在刚刚之内上涨很多，但这种走势说明上涨只是一个开始，后期股价还有可能会持续上涨。因此大阳线的出现便是底部追涨买点形成的信号，信号只要买在大阳线处就等于买在股价起涨前的低价区间。

　　图 2-11 显示，2012 年 9 月 27 日以前，★ST 凤凰的股价在底部震荡整理时出现过阳线，但是这些阳线的实体都很小，说明此时有很少的资金在悄悄吸纳。但是这些资金不想让股价涨起来，所以股价在 8 月 1 日的探明中期低点 1.99 元之后便出现一段长达近两个月的横向震荡区间。这些箱

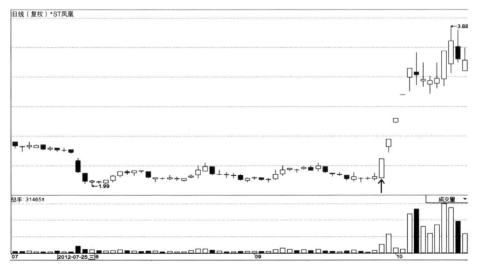

图 2-11

体里的阳线因为没有资金支援，因此无法改变股价的下降趋势，所以这个时候投资人不可以进场操作。

股价在调整末期，放量涨停阳线的出现宣布底部震荡调整结束，成交量放大，说明盘中有资金开始进行建仓操作。在资金的积极推动下，股价收出一根涨停阳线，突破箱体上限的压制。成交量大幅放大加上涨停阳线的出现就是筑底长阳的标志，它的出现说明低位买点的到来，此时投资人应当在第一时间积极入场操作。虽然这根涨停大阳线仍具有技术性反弹性质，但它对稳定股价波动重心的作用却是非常大的，那么股价的波动重心被有效突破是为了什么？仅仅是为了不继续下跌吗？不是，是为了后期大幅上涨。因此这根低位大阳线的出现，就意味着追涨的买点，此时应当积极入场操作。买在调整结束时，就等于买在股价新一轮上涨行情开始的时候。

2012 年 9 月 27 日出现的这次低位追涨买点为投资人带来了很好的收益，股价出现连续上涨走势。从 9 月 27 日的开盘最低点 2.08 元算起，股价连续 5 个交易日收出涨停板走势，短线升幅达 62.50%。股价见到底部，连续上涨也就是再正常不过的事情了。所以投资人在行情不好时要时刻注意筑底大阳线的到来，它的出现意味着低位买入机会的到来。

图 2-12 是 ★ST 新业（600075）2012 年 6 月到 9 月的日 K 线走势图。图中显示，★ST 新业的股价经过连续下跌后，于 2012 年 7 月 31 日探出中期低点 5.78 元，股价触底出现反弹走势，但是第一次反弹的力度不是太大。股价小幅上涨后，于 8 月 10 日形成一个高点 6.57 元后便再度出现拉回。从图 2-12 可以看到，随着股价波动重心下移，成交量呈现出低量状态。量能的变化向投资人提示主力的资金并没有出货的信号，而只要主力

图 2-12

的资金仍继续留在场内，股价的短期波动就是安全的。当股价拉回至前期低点 5.78 元上方获得支撑，股价停止下跌，再度形成上涨走势，前一个低点就对后面的低点产生支撑的作用。

　　图 2-12 显示，股价在 8 月末第二次探底时并未破位，并且随后再次形成上涨，留下两个低点基本在同一区间的形态。这种下跌、反弹、拉回而后再度上涨的形态就称为双底。双底有两个低点和一个小颈线位高点。由于双底是经过又一次下跌确认过的，因此做多安全性较高。在股价突破小双底颈线位时，投资人从成交量的变化就可以准确得知股价后期必然还会上涨。9 月 3 日出现的一根"不破前低"中阳线后，成交量出现温和放大，说明资金入场进行有效的推动，而资金的入场对股价上涨的延续性有着重要意义：只要盘中有资金不断进行运作，股价的上涨便会始终延续。同时盘面出现"不破前低"现象，便意味着场中主力的持仓成本对股价下

跌产生强大的支撑作用。如果主力有心继续做多行情，是绝对不会允许投资人有过多低位买入机会的，所以 K 线不破买点形成以后，股价继续展开反弹上涨是可以预期的。

图 2-12 显示，股价在 9 月 4 日收出一根突破性涨停阳线，这根大阳线突破了 8 月 10 日的双底颈线位高点 6.57 元，于是股价出现强势上涨也是必然要发生的事。8 月 10 日股价成功突破前期颈线高点，这种情况说明主力做多意志坚决，即使前期错过了双底买入的机会，股价在突破颈线高点时，投资人完全可以放心大胆地进行加仓操作。虽然持仓成本要高一些，但资金的利用率却最大，短线追涨买点的成功确立可以帮助投资人迅速获得收益。突破性涨停阳线的出现，意味着股价处于加速上涨阶段；一旦股价上涨速度进一步加大，其涨幅也会是很大的。从 9 月 3 日的低点 5.93 元算起，到 9 月 6 日的高点 8.10 元，4 个交易日升幅达 36.59%。由此可见，投资人在颈线突破位买进，比起在其他买点买进风险小，短线操作成功率极高。

图 2-13 是天津磁卡（600800）2012 年 6 月到 10 月的日 K 线走势图。图中显示，天津磁卡的股价经过较长时间的底部窄幅震荡之后，于 2012 年 8 月 22 日首次出现一根涨停阳线。这根底部阳线是缩量的，且没有有效突破底部震荡高点的压力，因此仍然可以把它视为反弹性质的阳线。反弹中的阳线没有资金愿意进场进行积极建仓，成交量在股价反弹时始终处于萎缩状态。而股价在没有成交量推动下，要想持续上涨几乎是不可能，即使股价涨上去了，投资人也不要贸然入场操作。同时这根涨停阳线是开盘就封于涨停的位置，投资人也没有参与的机会。

从图 2-13 可以看到，天津磁卡的股价在 8 月 22 日出现站稳回升涨

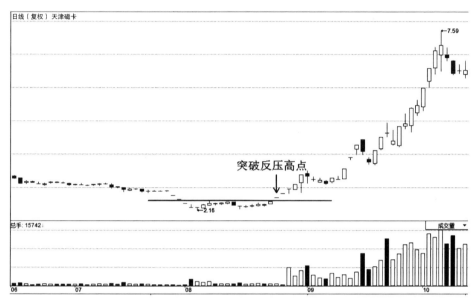

图 2-13

停阳线后，随即在次日又出现一根缩量涨停阳线，随后几个交易日也达涨幅限制。股价逐步脱离底部区间，见底突破信号极其明显。图 2-13 显示，2012 年 8 月 31 日股价开盘后开平走高，早盘就封于涨停板。股价突破了前期震荡下跌的反压高点，这根突破性涨停阳线对后期的走势产生支撑作用。9 月 11 日股价再次出现一根突破性阳线后，便出现连续的大阳线拉升走势，并且阳线的成交量一根比一根大，这种盘面形态意味着有主力资金入场进行积极的建仓操作。如果资金没有介入，股价怎么可能会连续大阳线？成交量又怎么可能不断放大？因此在底部时，如果出现连续的阳线，就说明底部已经明确形成，股价后期会进入到持续上涨的走势中，此时必须进行积极的低位追涨操作。

一般来说，股价在历史低价区域时，投资人就可以进行追涨，因为位置越低安全性就越高。然而在股价上涨突破的途中，投资人又应当如何操作？上涨途中的追涨操作往往具有一定的风险，因为随着股价涨幅越来越大，主力的出货意愿也就会变得越来越强烈，特别是当成交量持续出现放大时，危险就更大了。当天的成交量超过近期最大成交量的两倍以上，就可以称之为"巨量"。如果股价上涨没有出现巨量，只要收出实体较大的阳线，就可以放心大胆地追涨。

除了可以在上涨途中追涨，在向上突破横向调整高点时也可以进行追涨，只要新高出现，成交量没有过于放大，及时买入便会实现好的获利。2012 年 10 月 17 日在短线快速拉升的高位出现一根巨量带长上下影小阳线，这就是较为明确的出场信号。虽然股价仍以放量阳线收盘，但短线累计升幅较大，做多动力得到较大释放，股价回档在即。股价从 2012 年 8 月 31 日后首根突破性大阳线低点 2.68 元算起，到 10 月 17 日的高点 7.59 元，累计升幅达 183.21％。因此只要能准确把握低位买点进出时间，投资人便可以在低位愉快地建仓，享受股价上涨带来的超高利润。只要掌握股价底部的性质，任何一位投资人都可以轻松获利。

投资成功的关键——耐力胜过头脑。

图 2-14 是浙江东日（600113）2012 年 2 月到 5 月的日 K 线走势图。图中显示，浙江东日的股价在 2012 年 3 月下旬之前，形成一段跨度达四个月的标准圆弧底，而且在这段筑底过程中，随着股价处于低位窄幅震荡，成交量呈现逐步萎缩的态势。而这一区间内成交量不断萎缩，至少预示场内的做空动能持续减弱，卖压不断减少的同时，多头能够逐步入场，

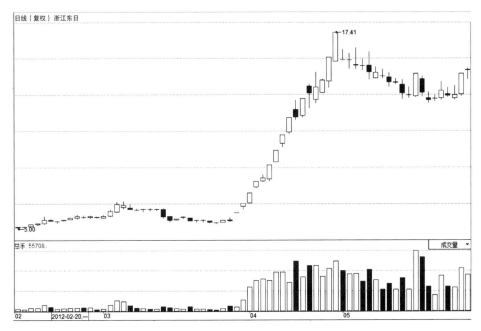

图 2-14

从而逐步扭转原有的下跌趋势。底部特征越明显的股票，投资人在进行实战操作时，成功的机率就越大，因为对它们进行买卖点的设置非常容易。

从图 2-14 可以看到，虽然股价出现跨度较大的底部形态，但未来运行的方向并不明确，如果提前买入，除了徒增时间成本，还会承担短线破位向下震荡的风险，所以最好的方法就是等底部明确形成，股价真正形成上升趋势再入场操作。3 月下旬在前期低位震荡高点处，股价出现一个小调整走势，成交量的萎缩说明股价的波动安全性非常高，因为主力没有在这里进行出货。之所以在前期震荡高点处进行调整，就是在为后期的上涨做准备。

图 2-14 显示，股价在 3 月 29 日收出一根缩量涨停阳线，这是大型圆弧底部首次出现的最大涨幅的阳线，意味着调整的结束与新一轮上涨行

情的展开，股价随即连续出现涨停走势，并导致股票因交易异常波动而停牌。4月5日股价再次出现一根放量的涨停大阳线，这根大阳线突破了底部震荡的高点，有力地向上创下了复牌后的新高。它的出现对股价后期的上涨会产生极佳的促进作用，因此投资人应当在突破性大阳线形成时及时入场操作；如果没有买在第一根低位涨停大阳线处，那么当股价再度向上突破创下盘中新高时，一定要积极进行操作。在股价上涨行情出现时，只有大胆追涨才可以实现较高的收益。

在实战操作时，由于底部低点仍有破位可能，所以在底部低点介入还是会有一定的风险。而股价如果出现小幅破位，并不能得知是否还会继续下跌，只有未来出现突破性上涨行情时，才能明确知道何处才是真正的底部。从图2-14看到，股价从3月29日的6.00元算起，至4月25日，股价短线升幅达190.17%，投资人资金得到了快速增长。因此只要能准确把握中长期股价底部的突破点，投资人就可以轻松获利，而中长期股价底部最明显的特征就是突破性大阳线的出现。

突 破 买 进

1. 原理概述

股价上涨趋势反转后便出现了下跌的走势，当股价的中期波动方向带有明显弱势时，亏损机率远大于获利机率。没有资金做多，没有强势特征存在，基本上，股价的波动不会带来获利机会。经过较长时间的下跌或震

荡后，股价在成交量放大的推动下，上涨走势形成了，但是当股价上涨到前期压力点附近时，便停止上涨，出现拉回走势，说明前期压力点对后期股价的波动构成强大的反压，如果不能有效突破这个压力位，就不可能形成真正的上涨走势。经过充分的蓄势调整，股价以更加凌厉的走势向上突破前期的压力点，在突破点形成的位置，成交量又一次出现密集放量，这种走势说明主力的资金再度入场建仓。上升趋势重新确立，主力资金再度入场建仓，投资人也要顺势积极参与。

股价出现突破之后形成持续的上涨走势，意味着突破是真实有效的。那么，在突破点有哪些明显的技术特征呢？股价在调整区间内的量能变化较为温和，突破形成时量能持续放大。场外资金入场积极为有效突破走势的形成提供了有力的保障。同时，虽然股价经历温和上涨，但仍然处于较低的价位，整体涨幅并不大，股价具有进一步上涨的空间。在强势特征明显、成交量配合完美。以及上涨空间并没有透支完毕的情况下，股价低位有效突破走势的形成也就是情理之中的事情。

利用低位突破买入需要注意以下几点

首先，成交量越大越好。成交量越大说明资金的入场力度也就越大，资金越是积极入场操作，股价底部的可信度也就越高。

其次，低位出现突破性阳线，且突破性阳线的实体越大、涨幅越大，说明资金的推动力度越大。只有资金推动力度大，股价才具有持续上涨的能力。

再次，低位放量大阳线一定要在股价持续下跌的情况下出现：在股价下跌过程中，成交量呈现持续萎缩状态，越少越好。另外，股价的下跌幅度越大，后期上涨的空间也就越大。

2．经典案例

图 2-15 是银泰资源（000975）2011 年 11 月到 2012 年 5 月的日 K 线走势图。图中显示，股价在 2011 年 12 月下旬至 2012 年 1 月初形成一段下跌破位中继震荡平台，接着又出现一次短线下跌的走势，但下跌力度并不大，2012 年 1 月 6 日探底 3.84 元之后便出现站稳走势；同时整个下跌过程中，成交量仍旧没有任何放大的迹象，说明主力的资金根本没有在股价下跌的过程中进行任何出货操作。主力资金依然留在场中进行操作，那么下跌只是为了吓唬散户投资人，并不是趋势继续恶化的前奏。经过短暂的下跌，在买入信号出现的情况下，底部就此形成。

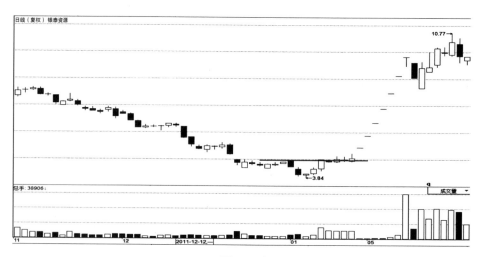

图 2-15

从图 2-15 可以看到，股价在完成筑底走势以后，股价重心不断向上。股价在上涨的过程中，总会在不同价位处碰到阻力，如果前期下降震荡平台的阻力不能对股价造成压力，股价便会顺利完成向上突破，而突破的位置对于投资人而言就是一次获利的机会；如果股价没有能力向上完成突破，那股价往往就会在阻力处形成反压。

银泰资源的股价面临的第一道压力就是 2011 年 12 月下旬至 2012 年 1 月初形成的震荡平台的上沿，即 2012 年 1 月 4 日的盘中高点 4.68 元，如果股价突破不上去，那就还要继续其探底走势，直到形成新的多空平衡点为止。图 2-15 显示，2012 年 1 月 10 日出现一根低开高走突破性大阳线，一根放量的大阳线顺利向上突破前期下降中继平台的高点压力。压力被突破，意味着股价再次上涨，投资人应当赶快入场进行操作。从图 2-15 可以看到，股价在 2012 年 1 月 10 日收盘价 4.68 元上方放量强势震荡多日；而股票 5 月 4 日复牌后，连续出现七个涨停板，短线升幅达 103.8%，为及时在突破点介入的投资人带来了良好的收益。

图 2-16 是江山股份（600389）2012 年 3 月到 8 月的日 K 线走势图。图中显示，江山股份的股价在 2012 年 3 月 30 日拉回到一个阶段性低点 6.11 元后，受到成交量放大的推动，一波连续性的上涨行情随之展开。一般来说，在股价没有较大涨幅，以及成交量没有明显放大以前，投资人就需要耐心持股。当新一轮上涨行情在 4 月中旬到达短线顶部以后，成交量形成急剧放大的现象。单日阴线放量并不是主力继续拉抬的征兆，前期有那么多低位买入的机会，主力绝对不会傻到不洗筹便继续推高股价，所以此时的阴线巨量就是资金短线打压震仓的信号。巨大的成交量决定了短线顶部区间的所在，那么这个区间就必然会对股价后期的走势产生强大压力。

图 2-16

　　从图 2-16 可以看到，江山股份的股价在 4 月下旬至 7 月上旬形成一段标准的箱体震荡走势。在股价不断震荡时，成交量没有形成明确的放大迹象，而是始终保持相对低迷的状况，这种量能形态说明主力没有在盘中进行大力度的出货操作；只要主流资金没有在当前区间离场，那么股价在后期必然有上涨的机会。江山股份的股价在 6 月 1 日形成震荡区间的相对高点 8.35 元，而股价在区间震荡过程中不断向上发力上涨，股价运行到这一相对高点处便受到压力停止上涨，出现短线的调整走势。这说明震荡区间的高点阻力很大，如果股价不能突破这个阻力，就不会展开持续的上涨走势。

　　图 2-16 显示，2012 年 7 月 5 日一根放量的大阳线向上有力突破了前期区间震荡高点的压力，说明主力开始要拉升股价了。放量的成交量通吃了盘中的所有卖盘，实体较大的阳线显得极具进攻力度。在突破大阳线出现时，投资人应当迅速入场进行建仓，因为这是新一轮上涨的开始，是获

利机会的开始。从 7 月 5 日的突破性阳线的收盘价 8.81 元算起，到 7 月 14 日的最高价 14.25 元，股价累计升幅达 61.74%，由此可见，在突破性买点介入的投资人能获得可观的短线收益。

图 2-17 是中海科技（002401）2012 年 6 月到 9 月的日 K 线走势图。图中显示，中海科技的股价在 2012 年 7 月 20 日每 10 股转增 9 股除权后出现一次中线级别的调整走势，无论股价形成什么周期的调整，投资人都可以将震荡调整时的高点作为参照；如果股价没有突破调整的高点，投资人就不能入场操作。在 7 月下旬至 9 月上旬这段窄幅震荡区间内，股价也形成过弱势反弹的走势。当连续收出几根小阳线以后，短线调整又随之出现，股价反弹高点始终处于除权日高点的下方。除权后的窄幅低位缩量震荡，说明主力没有出局，也没有拉升动向。面对主力没有出货的短线调整走势，投资人一定要抱着机会即将来临的心态进行认真观察。

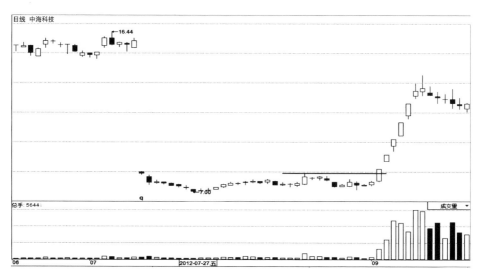

图 2-17

从图 2-17 可以看到，中海科技的股价在筑底过程中，股价的阳线实体虽然很小，但远多于阴线的数量，特别是到了 8 月下旬，量能有温和放大的趋势，股价开始震荡上行。在股价上涨的过程中，前期的震荡区间高点永远都会构成强大的反压，只有股价顺利突破这个压力，才会展开新一轮上涨走势。

2012 年 9 月 4 日股价收出一根放量的突破性涨停大阳线，这一根高开高走大阳线有力地向上突破了盘整达一个半月的区间高点的压力，成交量放大为股价的强势上涨提供了动能。成交量放大时涨停大阳线的形成，进一步向投资人提示资金入场的信号。9 月 4 日的成交量创下近期的最大量，而且这一天的涨停也是近期涨幅最大的。在股价持续下跌的低位区间形成了放量涨停的走势，说明下跌行情已经结束，股价会在后期反转成为上升趋势。

图 2-17 显示，随着 9 月 4 日放量涨停走势出现，成交量在后期出现连续放大迹象，量能密集放大，说明资金在盘中开始大规模进行增仓操作。而受到资金不断入场的推动，股价也随之产生一轮连续短线急升的行情。如果投资人在放量涨停走势形成时做积极的建仓，必然可以在后期行情中轻松实现高额的获利。从 9 月 4 日最高价 8.35 元算起，6 个交易日后，股价见到短期高点 13.14 元，累计升幅达 57.37%，短线账户增值极大。

图 2-18 是当代东方（000673）2012 年 6 月到 11 月的日 K 线走势图。图中显示，当代东方的股价在 2012 年 8 月初探底过程中出现放量急跌现象，并于 8 月 3 日探出阶段性低点 3.22 元后，股价站稳回升。在上涨过程中虽然阳线不断出现，但阳线实体并不很大，成交量也呈现逐级递减

图 2-18

的态势。这种盘面特征不是量价背离，而是主力高控盘的象征。主力只需用温和的成交量便可以推动股价稳步上涨，这是较为明显的中期强势特征。

　　图 2-18 可以看到，从 8 月上旬到 9 月上旬，股价第一波的温和上涨走势突破了前期 7 月中旬到下旬形成的急跌中继震荡平台的高点，这意味着目前盘中所有投资人都处于获利的状态。在这种情况下，主力为了减轻后期上行的压力，有必要进行一次洗盘的操作，将低成本的获利盘清理出来。图 2-18 显示，日 K 线在调整的过程中，始终受到前期实体较大阳线的有效支撑，并且在调整的过程中成交量同步出现明显萎缩迹象，这说明在调整区间内主力没有进行大力度的出货操作，此时卖出的只是散户投资

人的卖盘。所以股价在上升中期，出现缩量调整，说明股价后期上涨的压力比较小。同时股价在震荡区间内，K线实体的调整幅度随着时间推移变得越来越小，这种走势说明，虽然股价形成短暂上升停顿，但是场中资金持股的态度是非常坚决的，并没有因为小级别的波动而影响操作的计划。正是由于资金持股心态的坚决，导致卖盘进一步减小；而卖盘不断减小，又导致股价波动的幅度也随之减小。

从图2-18可以看到，当代东方的股价在9月上旬至10月上旬形成一段上升中继震荡区间，区间的高点是9月25日的4.40元。一旦此震荡高点被向上突破，原本的阻力位在突破以后就会构成支撑位，只要股价在支撑位之上进行缩量震荡，投资人就要敢于在震荡的低点进行加仓。2012年10月11日，当代东方收出一根突破性涨停阳线，这根放量涨停阳线的出现使得中期突破迹象更加明显，并且由于它的存在，后期展开一轮连续上涨走势。突破性阳线的出现，说明市场中的资金正在盘中大力度做多，而仅靠这根涨幅为5%的涨停阳线，主力是不能实现较大收益的，因而上涨行情必然延续。

由于这根涨停阳线扭转了股价波动趋势，所以它具备了标志性K线的特征，它将对后期的上涨和短线调整产生推动和支撑作用。从10月11日突破位的4.59元算起，到11月7日高点7.09元，股价累计短线升幅达54.47%，升幅非常可观，并且此种短线交易也较好把握。突破性K线的出现往往是主力在盘中大力建仓所致，它往往意味着短线主力的建仓成本区；只要主力没有出货，这根突破性阳线就会对股价的波动有绝对的推动和支撑作用。上涨趋势形成后，主力绝对不允许股价短期内再回到持仓成本区内。

图 2-19 是浔兴股份（002098）2012 年 5 月到 8 月的日 K 线走势图。
图中显示，浔兴股份的股价在 2012 年 8 月 1 日探出中期低点 6.17 元之后，
虽然股价连续多日收出低位震荡阴阳线。但是股价在后期却始终没有出现
破位下跌的走势。股价不破位说明盘中有股资金正在悄然建仓，因此对于
形成如此走势的个股，投资人一定要积极关注。从图 2-19 可以发现，从
8 月 3 日开始，股价展开温和的上涨行情，主力为了可以在低位买入更多
股票，于是人为控制股价形成窄幅整理的走势，而一旦低位波动形态形成
标准的缩量盘整走势，投资人就需要密切留意。

从图 2-19 可以看到，经过一段时间底部震荡以后，在成交量温和放
大的情况下，2012 年 8 月 7 日股价出现突破性走势，此时的突破是真实的
吗？这是主力建仓还是主力出货呢？首先要看突破 K 线指标的提示，因为

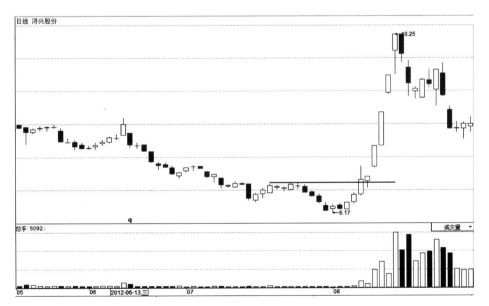

图 2-19

这个指标可以准确提示投资人哪些突破走势是最真实的。因为浔兴股份在形成突破走势时股价所处的位置很低，同时 8 月 7 日盘中甚至冲至涨停的位置，主力做多意图较为明显，前期中继下跌平台的高点 6.86 元也被有效突破，所以主力不可能放弃一次做多股价的机会，因此，此处温和放量突破走势的形成就表示资金在建仓。在排除主力出货可能时，温和放量现象往往就意味着主流资金介入，而股价所处的位置越低且形成有效突破前期阻力位，那么后期上涨的可信度就越高，在低位有效突破点形成时的成交量越大，股价后期的涨幅也就越大。

从图 2-20 分时盘可以发现，8 月 7 日这根大阳线的收盘价虽然没有封死涨停板，但这根大阳线却显得非常具有攻击性。股价低位出现向上突破走势，短线绝对会刺激股价强劲上涨。从突破日 8 月 7 日的收盘价 6.92 元算起，股价连续出现涨停走势，至 8 月 14 日收盘价 10.25 元，连续 5 个

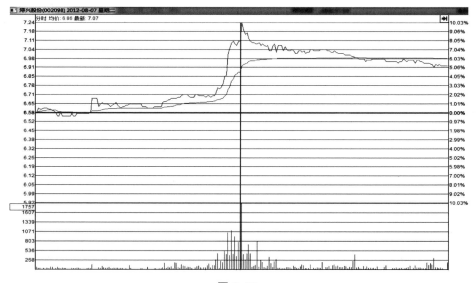

图 2-20

交易日累计升幅达 48.12％，短线获利较为丰厚。浔兴股份的股价短线出现这种强势上涨往往是做多动能的集中释放，股价短线面临调整的机率增大。也只有通过快速上涨才能吸引大量的投资人做多，主力才有机会出货。在实际操作时，就算股价形成向上突破走势，如果股价没有拉回，仍旧可以继续持股观望。股价突破形成后，有可能继续维持较长时间的原趋势；中长期趋势的突破也会如此，而只要股价不断向上突破，获利机会就会不断出现。

图 2-21 是易华录（300212）2012 年 5 月到 7 月的日 K 线走势图。图中显示，易华录的股价在 2012 年 5 月 17 日除权日后，股价仍旧继续低位震荡，5 月 21 日探出低点 16.44 元后才站稳温和回升，股价形成了温和震荡盘升的走势。股价在 5 月 29 日盘中出现一次短线快速上升以后，创下一个底部反弹高点 18.81 元，这一天收出一根冲高拉回的小阳线。但是这

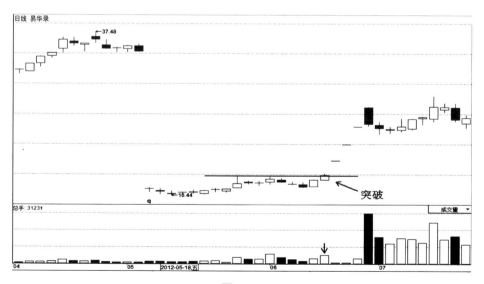

图 2-21

根反弹新高阳线出现以后，股价并没有出现上涨，而是呈现窄幅整理的态势。面对这种走势，投资人应当如何进行分析呢？

缩量底部区间出现冲高拉回阳线，说明有主力资金集中介入。至于股价后期的短线窄幅震荡并不是主力资金出货造成的，而是主力为了清理短线跟风盘进行的震仓操作。低位冲高阳线的出现，预示着主力资金介入较深，因此对于股价拉回不但不应当害怕，反而应当积极利用低点加仓。在股价窄幅调整时也可以看到，拉回的低点到达冲高阳线开盘价处便停止下跌，说明 5 月 29 日收出这根冲高阳线对股价的调整有强大的支撑作用，而这一支撑作用的存在就是主力资金成本发挥作用的结果。

从图 2-21 可以看到，易华录在 5 月 29 日完成温和上涨以后，股价经过数个交易日的窄幅震荡走势，5 月 29 日盘中分时冲高形成的 18.81 元高点会对股价后期的波动产生强大压力。因此股价想要再度展开上涨，前期的高点必须突破。如果此处高点不被突破，股价不是继续维持弱势震荡，就是出现下跌。但需要指出的是，主力在较低价位做窄幅震荡调整的目的不是要给散户投资人留下更低的买入机会，一旦股价调整到资金的持仓成本区以后，主力必然会快速发动上涨行情。因此，窄幅震荡区间的低点正好成为最佳的加仓点。

图 2-21 显示，2012 年 6 月 8 日一根放量的突破性阳线出现了，这根中阳线顺利向上突破了股价前期高点的压力。成交量放大与股票收盘价突破表示突破有效，投资人应当在这个位置建仓，因为前期高点阻力位一旦被突破，易华录在 7 月 24 日恢复开盘后，股价新一轮的短线上涨马上便会展开。从 6 月 8 日突破位 18.98 元算起，至 7 月 27 日短线高点 27.79

元，股价短短 4 个交易日升幅达 46.42％，短线利润可观。因此股价在形成突破以后，便会展开持续上涨走势，只要是在突破位迅速介入的投资人都可以轻松获得收益。

图 2-22 是黑化股份（600179）2012 年 6 月到 9 月的日 K 线走势图。图中显示，黑化股份的股价在 2012 年 7 月下旬出现连续急跌走势，直到 8 月 3 日才出现一根止跌站稳的中阳线，这根开低走高中阳线也是底部区域较大的一个实体阳线，预示下跌结束，股价开始站稳回升。其开盘价 3.48 元也是当日最低价，这一价位对后期的股价波动有支撑作用。虽然股价在 8 月 14 日探出低点 3.46 元，但随即出现上升走势，验证了前期阳线低点支撑的有效性。从图 2-22 可以看到，股价在低位区间震荡了近 13 个交易日，并在 8 月 21 日形成一个相对区间高点 3.95 元。股价留下的此处震荡

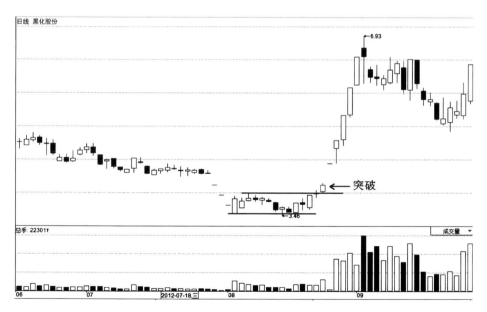

图 2-22

高点可以为投资人提示未来的突破点位所在，只要股价向上突破区间震荡高点 3.95 元；投资人就可以放心大胆地进行操作。

图 2-22 显示，黑化股份的股价在连续急跌之后，8 月初开始出现一段短期窄幅箱体的震荡走势，而股价在没有形成突破之前，上涨到箱体上沿时就会受到阻力拉回，说明箱体上沿高点的压力很大，如果股价不能突破这个压力，便不会出现上涨。2012 年 8 月 22 日一根突破性阳线出现了，这是股价在窄幅震荡区间成交量最大的一根阳线。虽然股价的阳线实体仍旧属于小阳线性质，但这根放量突破性阳线的出现，使股价的走势显得极具攻击性。这根实体较小的阳线也算是一根突破大阳线，它极有力地挑战区间高点 3.95 元的阻力位压力。也许成交量放大会让投资人对后期走势仍持怀疑态度，因为股价在初期形成突破、上涨中途形成突破以及高位出现假突破走势时，成交量都会出现急剧放大的现象。而在股价真正突破点的成交量与假突破形成时的巨量完全一致，如果投资人不结合股价所处的位置进行分析，便很难准确研判出未来的波动方向。

从图 2-22 可以看到，在股价形成突破时，距离 8 月 14 日低点 3.46 元的位置很近。距离低点很近的位置，主力能有多少获利空间呢？主力在没有实现高额获利的情况下，又怎么可能轻易卖出所持的股票呢？同时 8 月 22 日成交量放大基本上都属于是首次放量，而量能集中放大，说明主力正在盘中进行积极的建仓操作。而在资金不断入场操作时，突破走势只会不断促使股价上涨；在突破大阳线出现以后，股价便展开了一轮持续的上涨走势。从突破日收盘价 4.05 元算起，到 9 月 5 日的高点 6.93 元，股价在 6 个交易日升幅达 71.11%。因此，突破点就是最佳切入点。

破 位 买 进

1. 原理概述

股价出现一轮长时间的温和上涨走势，成交量始终保持温和放大的状态，这种走势说明盘中有资金不断在进行建仓操作。主力建仓的时间越长，表示手中的股票数量就越多，这样一来，后期的上涨行情才会越猛烈。股价经过连续上涨以后，累积的涨幅已经很大了，由于上升趋势始终确立，所以盘中愿意抛出股票的投资人变得越来越少。在这种情况下，主力必须采取震仓的操作。因为主力手中的股票数量已经很多，并且股价涨幅比较大，所以采取横向宽幅震荡的方法必然不能将低成本的获利盘给清理出局。在这个时候，就需要让股价出现击穿散户投资人思维惯性的突然暴跌走势：投资人一看到股价出现连续下跌，特别是跌穿关键的支撑位之后，必然会感到恐慌，认为形成下跌是由于主力对后市看淡、大规模出货导致的，从而被迫将手中的股票抛售出去。在股价快速跌破关键支撑位时，成交量萎缩到极限，这种量能形态说明盘面的浮动筹码基本上被清理干净，盘中的卖盘数量已经急剧减少，量能的变化向主力提示清筹震仓行情已经达到了预期效果。向下击穿关键的低点支撑的行为是为新一轮的向上突破积蓄做多动能，因此股价在后期出现连续快速上涨的走势也就不足为奇了。

买与卖的操作方法都是对应的，有破位做空点的操作技巧，就必然会有破位做多点的交易方法。很多时候，股价大幅上涨以后，必然会出现快速拉回走势，如果下跌的速度在短期内过快、幅度过大，就很容易大幅消耗空头的做空动能。而一旦空头的做空动能衰竭，多头便会趁机反攻，于是便引发快速反弹的走势。如果短线的做空力度很大，那么股价短线的下跌速度就会很快，并且在下跌的过程中基本上不会出现像样的反弹；而股价的下跌形态越是单一，后期反弹时的买点就越容易确立，具有诱空性质的破位急跌做多点就是在下跌结束反弹刚刚开始的那一刻。一般来说，使用短线诱空急跌操作手法的主力，往往是那些已经完成大量建仓的主力。由于其手中已经掌握大量股票，因此就算有投资人敢在大幅下跌的低点抢筹，也不会对主力有什么太大影响，毕竟敢在股价破位急跌时买入股票的投资人是极少数。

2. 经典案例

图 2-23 是华芳纺织（600273）2012 年 5 月到 8 月的日 K 线走势图。图中显示，华芳纺织的股价在 2012 年 7 月 17 日探底 4.45 元当日出现涨停现象。但是在成交量没有大幅放大的情况下，股价展开上涨的行情。透过后期的连续涨停走势来看，成交量没有出货放大迹象，很多投资人可能对此走势感到迷惑：为何成交量不放大，股价依然可以形成上涨走势呢？因为这一区间的缩量是由于筹码高度锁定而导致的。主力在前期已经买下大量股票，只要主力不进行出货操作，那么成交量就很难出现放大迹象。虽然股价上涨的过程中没有放量，但投资人应当转换一下思考的角度：上涨时成交量的低迷限制了主力的出货行为，而主力敢在当前位置快速拉抬股价，说明股价后期必然存在较大上涨空间，这一点决定了股价中期波动的安全性。

图 2-23

　　连续的涨停也便于底部介入的投资人轻松获得较大收益。从图 2-23 可以看到，7 月 23 日收出一根开高走低大阴线，伴随着成交量放大现象出现，高位获利盘的涌出，必然会有大量的投资人趁机继续进行做空操作。随着做空卖盘的数量增加，股价在图中的下跌速度就变得更快了，前期涨停的跳空缺口被连续封闭，股价运行方向有反转趋势。虽然破位下跌的速度加快看似可怕，但是在下跌过程中同时也蕴含后期做多的获利机会。因为股价在 7 月 23 日上冲出阶段性高点之后，成交量便出现逐级萎缩的态势。将 7 月 23 日至 7 月 30 日的成交量柱状体的高点做连线可以画出一条很标准的成交量下降趋势线，这种量能现象预示盘中资金做空力度逐级减弱，如果卖盘不断增多，成交量又怎么可能会出现持续的萎缩呢？所以下跌过程中的成交量逐级萎缩是股价调整走势即将结束的信号。

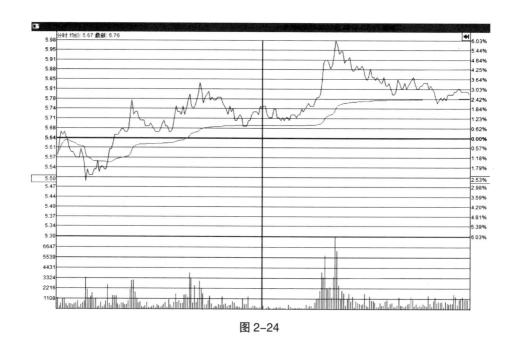

图 2-24

　　图 2-24 分时盘可以看到，7 月 31 日股价开盘后便出现快速下行走势，而分时股价线在下跌到低点时距离分时均价线非常远，说明前期或当天于任何价位介入的投资人都出现了较大幅度的亏损。另外，在股价下跌的低点处还出现放量迹象，而成交量的放大说明有大量卖盘出现，同时也说明有资金在盘中悄悄进行买入操作，那么是谁敢在股价破位下跌的过程中做建仓操作呢？很显然，只有主力资金才具备这个实力。

　　分析了 7 月 31 日分时盘的走势后，投资人还需要结合日 K 线图进行同步分析。如果股价的中长期走势仍旧处于较低价位，且形成了确切的中长期上升趋势，那么只在下跌时形成明显的杀跌低吸买点，投资人就可以积极买入。从 7 月 31 日的这根放量站稳小阳线的收盘价 5.79 元算起，经过多个交易日的急升，短线冲高至 8.49 元，升幅达 46.63％。因此

短线连续下跌后，只要某一日分时盘出现分时股价线急速放量向上勾头迹象，投资人就需要及时进行短线做多操作，此举能为投资人带来极佳的短线收益。

图 2-25 是方大集团（000055）2012 年 6 月到 9 月的日 K 线走势图。图中显示，方大集团的股价在 2012 年 7 月 31 日探出中期 3.55 元低点以后，便出现初步站稳迹象。一旦趋势明朗，投资人就要根据上涨趋势的周期性变化制定相应的投资策略。并且随着上涨趋势减弱要随时留意风险，同时也需要随着上涨趋势的变大及时进行入场操作。

从图 2-25 可以看到，在股价底部站稳初期，由于成交量较为低迷，基本上股价维持在 3.55 元低点上方窄幅震荡。这种价量温和震荡态势是典型的蓄势形态，它的形成表明目前盘中资金短线做多的意愿并不强烈，而

图 2-25

做多力度不足使得底部区间上涨角度较为和缓。这种温和的上涨态势持续了一段时间，股价终于在成交量放大的推动下，于 8 月 7 日出现强劲的跳空上涨走势，此时阳线实体比初期上涨时大很多。股价高开高走的大实体阳线出现，导致上涨角度加大，这一天最终以涨停作收。一般来说，这种强势上涨角度的形成，意味着主力即将大力推动股价形成主升浪。由此看来，上涨角度由弱转强是获利机会到来的明显信号。

从图 2-26 分时盘可以看到，方大集团的股价在 2012 年 8 月 8 日再次出现大幅跳空开高走势，股价开高后快速创出短期阶段性高点 4.45元，使得前期介入做多的投资人全部实现获利。从分时盘可以看到，早盘 9:45 分左右，大量的平仓卖盘出局，导致出现分时线快速拉回走势。在分时线不断拉回时，成交量也随之出现放大迹象，而量能的变化进一

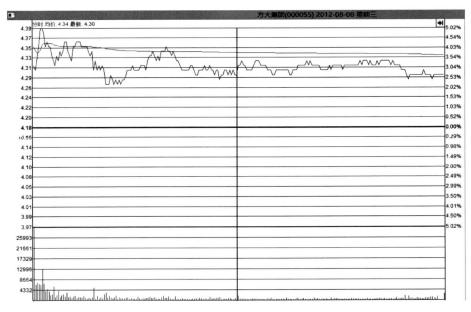

图 2-26

步确认盘中冲高下跌的有效性。这一天冲高拉回走势是伴随着高位巨量同时出现的，股价的短期顶部形成，而主力突然改变运行方向的目的既是为了短线获利，也是为了进一步清洗低位获利跟风盘。因此短线出货也就必然要进行。在主力短线出货过程中，也会有另一个明显的技术特征，就是当前的强势上涨趋势出现急速反转。这意味着盘中资金做空力度越来越大，做多力度越来越小，在这种情况下，投资人应快速离场观望。

　　随着8月8日这根冲高拉回大阴线的出现，大量卖盘不断涌出，股价不仅改变了原有上升趋势，并且出现连续向下破位现象。8月27日就跌破了前期向上跳空上涨的缺口。K线实体和量能同时向下放大，这时投资人绝对不能在盘中增仓做多。面对短线破位急跌走势，投资人除了应当积极做空以外，还需要注意：K线的实体越大，下跌的角度越陡峭，后期股价反弹的走势也会越迅猛；涨跌都是相互的，下跌的力度有多大，未来反弹的力度就有多大。那么此阶段做空的投资人应当在下跌过程中的何时再次进场进行做多呢？

　　从图2-25可以看到，从8月8日开始到8月27日这段交易时间，股价下跌力度很大，并且趋势线非常顺畅，在这种技术形态没有改变时，是绝对不能提前进场抢筹的，即使方大集团的股价绝对价位仍旧处于较低位置。当下跌了一定幅度且快速缩量，股价某一日出现开低走高或开高走高向上迹象时，就表示空头的做空力度已经基本上释放完毕，多头将会展开反攻的走势。

　　从图2-26可以看到，股价在9月5日早盘开低拉回，创出调整低点3.71元之后，随着放量反弹做多点的出现，下跌走势完全结束，分时股价线随之而来的便是快速上涨的行情，尾盘以一根小阳线作收，这根小阳线具有明显的站稳回升特征。股价从 9 月 6 日开始，连续出现三个涨停板。从 9 月 5 日的反弹低点 3.71 元算起，到 9 月 11 的短线高点 5.13 元，4 个交易日升幅达 38.27%。如果投资人是在破位低点买入，不仅收益高，而且风险也非常小。

图 2-27 是天津磁卡（600800）2012 年 7 月到 10 月的日 K 线走势图。图中显示，天津磁卡的股价在 2012 年 8 月 3 日探出低点 2.16 元之后便出现一轮稳步上涨的走势。在股价上涨途中，阳线总是不断出现，虽然在上涨过程中也有调整，但是调整形成的时间非常短。这种稳健的上涨走势就是中线个股最明显的上涨 K 线特征。对 K 线形态进行分析以后，投资人还需要对成交量的变化进行分析。只有从资金流向的角度进行分析，才可以得到更贴近于股价真实波动的分析结论。

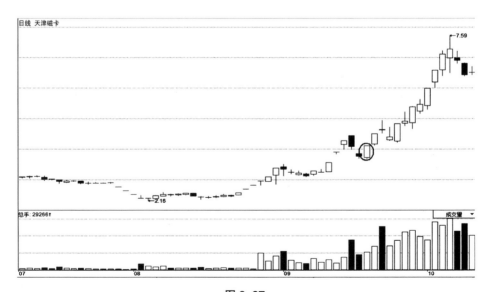

图 2-27

　　天津磁卡的股价在 2012 年 9 月 11 日开盘后不久便出现涨停的走势，在随后的两个交易日股价出现连续涨停现象，但成交量呈现非常低迷的态势。量能的低迷说明在连续三个涨停价格处平仓出局的投资人非常少；而此时越是没有投资人平仓出局，涨停板便越会牢牢地封死。此阶段的成交量始终保持均匀萎缩的状态，量能呈现有规则的缩量，说明资金的持筹心态较稳，在资金积极推高股价时，投资人有什么理由不继续持仓待变呢？投资人一定会发现在中低价位连续出现缩量上涨的走势，这就需要及时在场中进行操作。因为短线个股上涨的速度非常快，所以投资人在买入股票时，交易的速度也必须很快。一般来说，股价处于中低价位，只要成交量没有出现异常放大或大实体阴线的走势，上涨行情便会不断延续。

　　从图 2-27 可以看到，9 月 14 日股价跳空开高后，随即出现分时股价线快速单边下跌走势，并且盘中没有出现任何形式反弹，这让许多前期低位介入的短线投资人不知所措。在场内主力打压盘和停损盘的推动下，股价出现大幅下跌，场内主力洗筹迹象极其明显，其利用开高拉回大阴线挫伤散户投资人的持筹信心，进而在第二天仍旧采用快速跳空打压的手段。这就是很多短线个股顶部最经典的技术特征。

　　从图 2-27 可以看到，随着 9 月 14 日放量冲高拉回阴线的出现，场内的平仓盘不断涌出，这意味着后期下跌的可靠性。在较短的时间内出现快速急跌，前期低位介入的投资人被迫减仓离场，成交量也呈现逐级萎缩的迹象，量能的变化说明空头此时在盘中做空的力度开始明确减小。只要空头的力度减小，多头将会随时组织反攻，此时投资人就需要随时留意短线做多买点的再次到来。

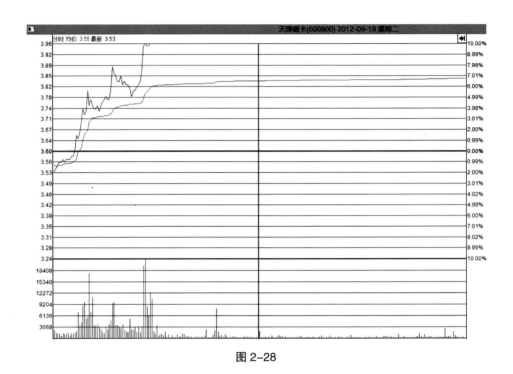

图 2-28

图 2-28 分时盘显示，当股价经过一段时间的拉回以后，在 9 月 18 日的分时盘发现，分时股价线在开低，创下 3.52 元低点后，出现急速掉头向上的走势，不仅盘中回补了前一交易日的向下破位缺口，而且早盘便封住涨停板。一般来说，一旦股价在下跌的低点区域出现分时股价线的强势掉头向上，并快速封死涨停板，说明空头已经无法与多头相抗衡，后期的走势会在多头力量不断增强的情况下出现连续上涨。如果投资人能在分时盘中出现急速勾头做多点处操作，就等于买到做多的低点。随着后期股价不断上涨，投资人便可以再一次实现短期获利。从 9 月 18 日分时股价线的最低点 3.52 元算起，到 10 月 17 日的短线高点 7.59 元，12 个交易日升幅达 115.63％。因此如果能及时发现短线

快速破位下跌引发的急速勾头反弹个股，就等于找到一支短线强势股的
启动点。

图 2-29 是深华新（000010）2012 年 3 月到 10 月的日 K 线走势图。
图中显示，深华新的股价在 2012 年 3 月 30 日探出 9.78 元中期低点后，便
结束底部震荡。初期上涨的角度相对平缓，这是因为资金需要在股价大幅
上涨之前进行低位吸筹操作，所以才会在快速脱离底部低点以后，让股价
继续在低价区间保持上下震荡。面对这种趋势，虽然存在一定获利机会，
但此时不是最佳操作时机，短线获利需要在那些上攻力度较强、上涨角度
较大的个股操作，只有这样才可以实现较高的短线收益。

从图 2-29 可以看到，股价经过初期缓慢上涨的积累，从 6 月上旬开
始出现突破性上涨的走势。大实体阳线上涨走势的出现，意味着资金在盘

图 2-29

中开始更加积极地操作，主力此时想做的就是以较快的速度推高股价，从而在较短的时间内实现最大收益。从 5 月 31 日开始，在股价突破前期震荡平台上涨时，成交量也出现明显放大迹象，而量能的放大进一步肯定资金做多的实质。面对这种放量大角度上行的走势，投资人应当快速入场操作。

从图 2-29 可以看到，深华新的股价在 6 月上旬至中旬的快速上涨过程中出现放量现象，当投资人面对连续上涨后的放量拉抬现象时，一定要制定两种投资策略：如果股价可以继续向上攻击，投资人就需要在盘中继续做多；但是如果股价出现短线高位放量拉回走势，投资人就需要在盘中及时清仓离场。

6 月 5 日股价开高后便出现快速拉回现象，成交量也出现高位堆集放大的现象。量能在此区间出现放大，说明盘中有资金在高点的位置减仓进行做空操作。正是由于大量资金在 6 月下旬形成的短线高点处做空，股价又一次呈现调整震荡格局，这也是较为正常的现象，此震荡区间投资人需要规避短线下跌引发的风险。7 月 26 日股价收出一根涨停阳线，似乎有突破向上的征兆。

股价在 7 月 27 日再次跳空高开，突破 6 月初形成的震荡平台的高点。但股价盘中创出高点 15.45 元之后，便一路走低，并且连续出现两个跌停板阴线，破位下跌迹象明显。随着股价下跌的延续，股价似乎出现下跌不可收拾的局面。大实体阴线的连续出现，也是股价压力集中释放的表现。在低位区域出现加速下跌现象是在向投资人暗示股价的下跌已经有些非理性，后期会存在较大的反弹可能。在股价下跌的过程中，投资人应当如何确定短线反弹的到来呢？

图 2-29 显示，股价从 7 月末出现连续破位下跌走势后，由于股价的运行趋势呈现明显转坏的迹象，这时投资人很难准确判断具体哪个点位将会反弹，因此不必对形成下降趋势的大阴线实体进行分析，因为只要反弹形成，那么股价必然会拐头向上收出站稳性阳线。因此只要股价停止连续下跌，并且拐头向上收出站稳阳线时，投资人可以将此时的走势作为平仓空单、开仓多单的买点。

图 2-30 中 8 月 1 日的分时盘显示，股价开盘便跌在停板的位置，但接着便出现一根开低走高阳线，甚至盘中接近涨停板，尾盘略有回探。从 8 月 1 日的分时盘可以发现，分时股价线开盘后快速探至低点 12.72 元后，急速反转做多点便出现了。深华新的股价在随后近 20 个交易日果然出现

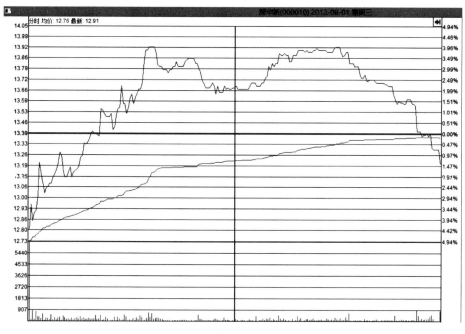

图 2-30

短线强劲反弹走势。从 8 月 1 日分时股价线的最低点 12.72 元算起，到 8 月 30 日的短线高点 19.28 元，升幅达 51.57％。从中可以看到连续破位低点处的反转型阳线不仅是短线的技法，也是中线大多头股的必经之路，找到了它，你就可以找到一支大多头股的启动点。

图 2-31 是中达股份（600074）2012 年 7 月到 12 月的日 K 线走势图。图中显示，中达股份的股价在 8 月 3 日下探到 2.59 元低位后，便出现初步回稳迹象。在底部回升过程中可以看到，虽然阳线数量多于阴线数量，但成交量始终无法形成低位堆集放大的态势。这种低位蓄势走势虽然说明该底部区域已经有资金开始对它运作，但此时资金的运作力度不是很大。资金没有在盘中进行大力的建仓，资金没有大规模介入，会导致怎样的走势呢？首先，在上涨的过程中阳线实体都非常小，这是因为入场的资金数量

图 2-31

少，稀少的买盘很难促使股价大幅上涨。其次，资金入场的数量少，小实体的阳线将会导致股价上涨角度平缓，同时也将会导致成交量柱状线的收缩严重。从图 2-31 可以看到，虽然股价出现见底站稳回升的趋势，但是成交量柱状体却始终保持较平缓状态，成交量无法呈现放大的状态，股价自然很难产生大幅度上涨。

从图 2-31 可以看到，中达股份的股价经过近 10 个交易日的低位蓄势之后，在 8 月 21 日便出现开盘涨停现象（ST 涨幅为 5％），虽然 21 日盘中出现快速拉高价的动作，但成交量仍旧没有放得太大。这种走势不是量价背离，而是盘中的参与者普遍锁仓待涨的结果。主力只需用很少的成交量便可以推动大力度的单边上涨，这是最明显的强势特征。紧接着，股价在随后几个交易日连续出现大幅开高并快速涨停现象，成交量依旧没有放大迹象，场内各方持筹心态较稳，这时盘中主力需要进行一次力度较大的震仓操作。

从图 2-31 可以看到，9 月 4 日再次大幅开高，并创出反弹高点 3.54元后，股价盘中出现震荡拉回的走势；当日盘中震荡时，股价虽然不断调整，但始终是一根带长上下影的放量小阳线并作收，这种震幅有限的震仓行为很难取得预期效果。9 月 4 日这根带长上影线的小阳线打压力度不够，必然导致场内投资人谁也不会卖出所持筹码，于是主力开始大力打压股价。从图 2-31 可以看到，9 月 5 日股价向下跳空破位开盘，以一根中阴线收盘，后期股价多日虽出现反弹，但都在破位缺口下方运行。弱势反弹结束后，连续收出下跌中阴线，这些破位缺口下方的连续下跌阴线使得股价波动弱势特征明显。只要大趋势转淡，必然有中短线投资人抛出观望。

从图 2-31 可以发现，虽然股价连续收出阴线，但此时的成交量却逐渐萎缩，量能没有放大，说明盘中的主力资金没有进行大规模出货操作。如果下跌是由于主力出货，在这么小的成交量之中如何卖出手中众多筹码呢？透过成交量确定主力没有出货，那么股价连续在破位缺口下方的运行必然就是主力震仓。这是主力为了使股价能在后期更好操作而人为制造的下跌，其目的就是为了降低成本将投资人赶出场去，以此减少后期股价上涨的抛压。

股价出现快速的破位下跌，必然使做空动能得到有效释放，此时做多的投资人也应当做好随时入场操作的准备了，因为快速下跌必然会引发快速反弹走势，所以在下跌的过程中，一旦投资人发现某日盘中的分时线有向上止跌回稳的迹象，就要坚决入场增仓做多。因为一旦某日盘中出现分时股价线探底回升现象，便意味着空方此时的做空动力无法与多方比拼，多方占据市场的主动，股价自然就会随之上涨。

从图 2-32 可以看到，2012 年 9 月 26 日股价开低走高，分时股价线一路单边上扬，不仅完全封闭前期向下跳空缺口，而且呈现一阳吞多阴的良好运行态势，开盘半小时后便封住涨停直至收盘，量能也较前期明显放大，短线站稳回升买点凸显出来。该股 11 月 19 日复牌后连续出现短线上升势头，从 9 月 26 日的开盘价 3.02 元算起，到 12 月 11 日的冲高高点 4.79 元，累计升幅达 58.61%，这样的短线机会为及时介入追涨的投资人带来良好的收益。

图 2-33 是招商银行（600036）2012 年 7 月到 12 月的日 K 线走势图。图中显示，招商银行股价在 7 月 24 日探明 9.54 元中期低点之前，股价呈现连续下跌走势。在中期下跌趋势形成时，投资人一定要对下跌的趋势和

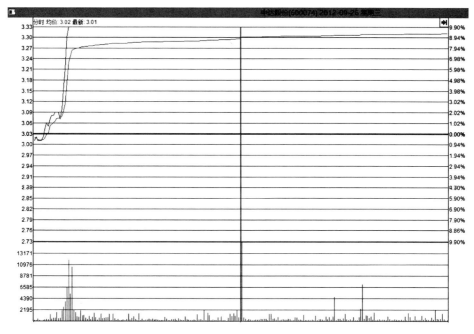

图 2-32

图 2-33

力度进行分析，因为下跌的趋势和力度不同，会导致后期跌幅的不同。从图 2-33 可以看到，招商银行股价在下跌的中后期，下跌角度始终保持中等下跌角度的阶梯式向下运行方式。股价此时的下跌趋势较明显，下跌力度较大，这种现象与主力的出货操作有密切关系。由于前期股价大幅上涨，许多投资人见到股价涨高后都会出货，这样就会与主力争抢卖盘。由于大盘指数同期也已经见顶，大的下降趋势无法反转，主力只能不断出货，而盘中卖盘较多，主力没有能力控制股价下跌，但也不能向下打压，那样会吓跑更多买盘，于是保持阴阳交替的温和出货方式成为最好的选择：在下跌速度相对缓慢的情况下，不断抛出手中的股票，也可以顺利完成出货。在下跌的末期，虽然时有弱势反弹出现，但从图 2-33 可以看到，股价始终按着标准的阶梯式下跌方式运行。面对这种走势，千万不能盲目入场，因为下跌的大方向和力度不变，上涨行情不会出现。总之，任凭股价如何反弹，都不能在大的下降趋势改变前入场。

从图 2-33 可以看到，股价在 7 月 24 日出现 9.54 元中期低点之后，出现一次幅度较大的反弹走势。在股价首轮上涨过程中，基本上以小阳线方式向上稳步推升，成交量连续温和放大，说明主力已在底部放量过程中持有相当数量的股票。主力低位积极介入，意味着中期上涨行情是可以期待的。股价在底部区间连续收出持续不断的小阳线之后，便在前期下降中级平台下方遇到阻力。股价在 8 月 14 日探到一个反弹高点 10.24 元之后，连续多个交易日形成调整的走势，这会让一些投资人产生股价受到前期高点压力的错觉。另外，调整走势也使得成交量呈现萎缩态势，说明盘中主力并未在此大量出货，此时投资人就需要密切留意股价后期的走势，一旦股价向上突破，从这几个交易日小幅调整的性质就可以判定其为主力在拉

升股价之前进行的震仓。

　　从图 2-33 可以看到，股价在 7 月下旬至 8 月中旬稳步上涨的过程中，没有出现调整走势，日 K 线始终保持温和向上的波动形态。而股价以小阳线方式向上攀升很容易引发拉回的走势，因为小阳线缓慢推升的走势必然会吸引大量的跟风盘入场建仓，这样就为那些短线游资的出货提供了机会。在股价稳步上涨时，投资人应当如何决策短线卖点的所在呢？ 8 月 14 日股价出现一根十字线，这是一根在前期下跌整理平台处的滞涨型十字线，主力拉抬疲态已经显现出来。股价次日便出现一根中阴线，一举吞掉前期多个交易日上涨成果，并且在随后的多个交易日显现出严重的下跌变盘现象。从图 2-33 整个盘面可以看到，8 月中旬到 12 月初这段交易区间内，股价形成一段跨度较大的低位震荡平台。

　　在震荡区间内，股价出现多次弱势反弹的走势，这种弱势反弹对于投资人决策短线破位做多点产生干扰作用，投资人如何准确判断什么位置的破位急跌走势才是真正的买点所在呢？从图 2-33 可以看到，9 月上旬、9 月下旬和 11 月上旬下跌反弹走势形成时，股价在区间内上下波动幅度不是很大，说明此时短线频繁进出的投资人没有获得太丰厚的收益，也显示仍在盘中的主力不会进行过多的努力压低股价。而当真正的破位急跌做多点形成时，低位震荡平台必然会被打破；一旦震荡格局被打破，说明此区间内参与的资金都受到较大幅损失。此时一旦主力加大打压力度，必然产生较好的洗筹震仓作用，同时也容易引发更大力度的反弹。12 月上旬股价再次逼近中期低点 9.54 元，呈现明显的破位向下态势，中期运行趋势发生变化。这种盘面特征正是主力刻意营造出来的结果，其目的是震荡洗筹以便于减轻后期拉升的成本。

　　图 2-33 显示，股价在前期低点上方震荡多日后，2012 年 12 月 5 日出现一根放量中阳线，重新把股价拉回前期震荡平台，反转了中期下降的趋势，成交量创下 4 个交易月来的最大量。此时的量能说明：一是前期震荡区间做空的资金在此时进行减仓操作；二是有大量的场外资金在此时增仓做多，并且此时做多的资金必然有很多是前期平仓的主力资金。在大量的主力资金反手做多时，招商银行的股价又怎么可能会不上涨呢？而短线大幅获利的开始点正好在破位形态营造完成后的急速反转向上的点位。

　　从 12 月 5 日这根巨量站稳中阳线的开盘价 10.00 元算起，经过多个交易日的放量急升，短线冲高至 12.08 元，升幅达 28％，中期上升趋势明显。因此股价在低位宽幅震荡过后，只要某一日分时盘出现分时股价线急速放量向上勾头迹象，投资人就需要及时进行短线做多操作，从而得到极好的短线收益。

　　有这样一句话——"当断不断必留后患"。很多时候投资人的追高行为就是由于在启动点犹豫不决，没有及时踏上市场的上涨节奏，认为股价涨了，可能还会"回来"，等"回来"再买；或者认为：股价涨了，风险大了，万一买进之后跌下来怎么办？这些想法看起来好像是蛮有道理的。但我们不禁要问：疲弱的品种里面没有机会，起涨的品种又不敢买，那剩下的好像就只有追高了吧？

　　当初错过了买点，可股价却拼命涨，结果越涨就越后悔，越涨就越不敢买。眼睁睁地看着股价节节攀升，最后终于无奈之下杀了进去，悲剧也就随之而生了。

　　行情启动之初的进场是追涨而不是追高，这是性质截然不同的两个概

念。时间效率最高的就是踏上刚刚启动的列车。列车没动的时候上去，我们不知道它什么时候开动、要去哪个方向。而已经运行的列车我们却偏要跳上去，想必风险是巨大的，毕竟大多数人并不具备像铁道游击队队员那样的身手。在车子刚刚启动时上车，既可以省去提前上车那段寂寞的等待，又已经明确列车运行的方向，何乐而不为呢？关键是要有能力判断出这根迅速启动的阳线到底属于什么性质。这就要需要我们不断地去摸索、去学习，心里面有了过硬的基本功作为底气，就不会在启动点出现的时候再犹豫不决了。

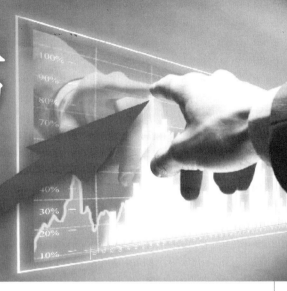

第三章

短线震荡

　　股价的短线波动走势有三大类：第一是短线上升、第二是短线震荡、第三是短线下降。关于短线上升的操作方法已经在前一章为大家进行了详细讲解，本章讲解的是股价短线震荡的操作方法。

震荡的定义

行情在上涨或下跌行进的过程中，很多时候会出现多空双方在一定时间内力量平衡的状态，表现在走势上就是行情整体演绎为横向运行，这是在为以后的行情蓄势做准备。

在实盘操作中，股价在处于无方向震荡时容易发生投机性的短线亏损。股价的短线震荡从当时盘面走势来讲，属于无方向波动；但站在大的运行趋势来看，则属于趋势的中继或是将要转变趋势的阶段。如果进行中线操作，可以顺应大势而为；但如果做短线投机性操作，就必须在股价震荡过程中采取一些方法避免发生损失。虽然短线盘面也存在上涨和下跌走势，但操作起来较难以把握。短线震荡区间分为窄幅震荡区间和宽幅震荡区间。面对窄幅震荡走势，最好先减仓出局，等趋势明确后再进行操作，因为在横向整理过程中，股价的差价非常小，对于这种走势任何短线操作方法都很难见效。宽幅震荡相对于窄幅震荡而言，虽然有一定的价格差，但幅度不会太大。正常情况下，常见的宽幅震荡的波动区间为高低点相差10%左右，而且进出机会较难把握，所以在这个区间操作不太可能有较大的获利，只能通过几次高卖低买累积起相对大一些的获利。本章的"震荡上升"内容要讲解的操作方法就是针对宽幅震荡而言的。

如何确定股价将进入短线震荡状态呢？对此，假如没有及时确认是短线震荡属性，而是形成了短线头部，岂不是很容易产生亏损？本章"震荡确认"会对此进行具体解析。本章中"震荡平衡"是指股价面对前期顶部

或其他重要压力位时，没有马上展开向上突破走势，而是在其下方形成一段蓄势调整的区间，这个区间看似有顶部的迹象，但股价却很难跌下去。往往在一个比较小的幅度内始终保持箱体震荡走势，这是为了后期有效突破而进行的蓄势准备，其目的就是要突破。根据笔者的经验，震荡平衡区间可以用来监测股价波动的性质，同时也可以作为一个买点，因为在股价震荡调整的过程中，预示着主力没有出货，后期上涨的机率依然很大。主力只有做高股价才可以出货，因此如果上涨未突破平衡区间，后期仍存在较大的上涨幅度。股价的波动有震荡上涨形态，与此对应，就必然有震荡下跌形态。震荡下跌和震荡上涨其实是完全一致的，将震荡上涨形态倒过来就是震荡下跌形态，而震荡下跌形态倒过来也就是震荡上涨形态。震荡下跌与震荡上涨唯一的不同之处就是成交量的要求有所不同。震荡上涨形态中，要求股价上涨放量，调整无量；震荡下跌形态中，要求股价下跌放量，反弹无量。对此，本章"震荡下降"将结合具体案例进行详细说明。

可能会有很多人有这样的问题：既然是震荡，又没有什么趋势，干嘛还要费这么大的劲去研究它？多花些精力去研究研究什么时候涨，哪个板块、哪只个股是未来的热点不好吗？殊不知，未来的牛股、黑马或热点正是孕育在这看似百无聊赖的震荡之中啊。

不是有句话吗——"横有多长竖有多高"，横向震荡正是为了日后疯狂上涨做必要的准备。难道我们不该认真地来研究一下吗？

本章主要介绍的是在震荡行情中如何来把握短线的赢利机会，好像与上面所说的震荡育牛股没有多大关系。其实不然，同样是震荡，不同的位置、不同的形态会演绎出不同的结果。我们在震荡的时候参与，置身于震荡之间，才能切身地体会到盘面背后的资金到底在做些什么。关键是这种参与能够让我们提高关注度，并且能够不断地训练自己对于震荡形态的认知。

所以，如何认知震荡、如何把握震荡，又如何去体会震荡，以及震荡之后股价将如何演绎，是我们关注、研究和参与震荡真正的意义所在。

震 荡 确 认

1. 原理概述

股价经过一定幅度的上涨之后便会出现减速或震荡走势。原本股价已经形成较长周期的上涨趋势，但由于一根某种形态的 K 线出现，股价就会停止上涨进入调整状态，甚至还会出现短期下跌。这些具有压制股价上涨作用的 K 线形态的确给投资人造成麻烦，但预先发现这些压制性 K 线并不困难，因为这类 K 线实体都有着鲜明的特点。掌握了它们的共通性，投资人在实战时就可以很容易回避它们，从而确保获利和资金的安全。

股价之所以形成上涨或下跌走势，是因为受到场内大量资金积极推高或做空影响。如果盘中的买盘大于卖盘，那么股价便会出现连续上涨，否则走势将相反。但当股价上涨到盘中主力预期目标位的高度时，就会停止积极拉升操作，转变为积极出货，此时盘中的多头力量就会大幅减弱，同时空头力量急剧增强。这时股价会停止上涨，并且随着卖压力度的逐渐加大，股价会出现持续下跌。由于主力资金在盘中进行大力度的卖出操作，

所以股价的 K 线形态会出现某种有规律的短线调整走势。

短线震荡调整 K 线的特征表现如下：

（1）股价从低位启动后，向上有较大涨幅，盘中做多能量出现衰退迹象，再加上获利盘的逐渐积累，盘中随时会引发抛售现象。

（2）阶段性高点出现带有较长上影 K 线，而且在这个过程中，股价不断出现连续涨停的现象，这是主力利用冲高出货造成的结果。

（3）阶段性高点出现的阴 K 线实体较大，而且这根大阴线出现后的第三天，股价就出现开低走低的现象，继续收出一根大阴线。在这种情况下，后市股价将会进入下跌的行情。

（4）成交量在阶段性高点处呈现快速放大迹象，同时由于主力积极出货，因此成交量出现异常放大。

当股价上涨的某个阶段出现符合以上特征的走势时，投资人就应当意识到股价短线震荡调整信号出现了，必须及时离场观望，以规避短线风险。一旦 K 线形态具备上述特征，股价的上涨走势会就此结束，或构筑短线震荡平台，或形成阶段性顶部。无论是震荡调整还是形成短期顶部，对于投资人而言都会带来较大风险。

2. 经典案例

在风险到来时，只有及时离场出局才是最聪明的操作方法。

图 3-1 是 TCL 集团（000100）2011 年 11 月到 2012 年 3 月的日 K 线走势图。图中显示，TCL 集团的股价在 2011 年 12 月 22 日探至低点 1.71 元以后，受到资金的推动，开始持续上涨走势。从图 3-1 可以看到，TCL 集团的股价从 4 月上旬到 5 月中旬这段上升行情中表现得非常稳健，

图 3-1

股价上涨非常有节奏，股价的主要趋势特征非常明显：高点在不断创出，而低点的位置也不断抬高，波动的重心始终向上。股价的波动重心是始终向上的，这时投资人一定要注意大趋势的方向，而不能在主要趋势向上时频繁换股做短线。其实很多投资人在低中位区域仍旧获利不大的主要原因就是在大趋势向上时没有准确研判上涨的性质。主要趋势显示股价大方向，在主要上升趋势的方向确定以后，投资人最好的操作方法就是顺势而为。

股价不会一直上涨，当上涨到一定程度以后，主力为了清理掉那些低成本的低位获利盘，必须进行一次震仓操作。由于市场的上升趋势已经确立，所以震仓的幅度不能太大，否则不但无法将散户投资人清理出去，反而还会给其他的大资金创造逢低买入的机会。因此主力在此时只能采取窄幅平衡震盘的战术，这种横向震盘的走势就是次要趋势。

从图 3-1 可以看到，股价 2012 年 1 月 11 日短线见顶时收出一根冲高拉回长上影阴线，同时成交量大幅放大。从量价配合关系来看，主力此时短线减仓出货意图明显。1 月 10 日的一根带量涨停大阳线充分引起散户投资人的追涨热情。高位的长上影阴线出现这一天，主力减仓操作的效果还是很不错的。可惜后续三个交易日的成交量没能连续放大，高位的长上影阴线出现后，成交量便急速逐渐萎缩。由于主力出货不充分，在股价下跌近 20% 后，主力再掀波澜，重新拉高股价进行二次派发。1 月 17 日股价再次拉出一根中阳线，股价上涨至第一根长上影阴线附近时遇到阻力，两根冲高放量上影 K 线指出了震荡顶部区间的所在，预示着股价短线调整格局确立，但由于窄幅波动的空间有限，此时区域内的任何短线操作将徒劳增加时间和资金成本。

两根长上影 K 线构筑了窄幅波动区间的箱顶，短线震荡走势对后市上涨能产生压抑作用，而成交量严重萎缩就是最重要的特征。短线震荡走势的波动变化也是非常经典的，从图 3-1 可以看到，1 月 17 日收出站稳阳线后，股价向下拉回的幅度始终无法回到这根平衡站稳阳线的低点处，往往跌回到上涨波的一半时就会止跌回稳，反弹至第一根长上影阳线高点处便遇阻拉回，股价呈现明显的滞涨窄幅波动。只要次要趋势持续保持这种平稳平衡波动，主要上升趋势就难以不断延续。确认短线次要趋势的性质有利于对后期走势进行正确研判：如果主要趋势是向上，那么短线震荡的确认就会提供择机增仓介入的机会，再次促成利润的更大化；如果主要趋势是向下，那么这次反弹趋势的形成提供的就是短线高卖低买的机会，可提高资金的利用效率。

图 3-2 是银鸽投资（600069）2010 年 12 月到 2011 年 3 月的日 K 线

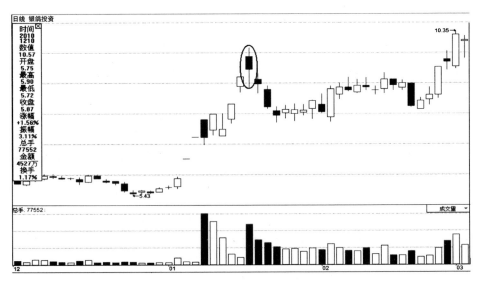

图 3-2

走势图。图中显示，银鸽投资的股价从 2010 年 12 月 28 日的 5.43 元低点开始站稳回升，出现一轮强势的短线上涨行情。但股价不会永远上涨，总会有震荡调整或阶段性见顶的出现；在股价持续上涨，连续作收涨停大阳线时，股价波动的高点不断刷新，而每一次反弹高点都比前一次高，不断上移的重心说明股价形成上涨的主要趋势。此阶段，投资人应当耐心持股，等待股价不断上涨带来的巨大收益。大的上升趋势形成以后，不会一味按某种方向波动下去；上升趋势的形成离不开次要调整趋势的产生，一个个小的次要趋势组成股价上升的主要趋势。

在上升途中，主要趋势的方向是始终向上，那么次要趋势的方向就必然是向下，次要趋势的波动方向与主要趋势的波动方向是完全相反的。从图 3-2 可以看到，股价在 1 月上旬到中旬连续收出多根涨停阳线。盘中的主力对目前的获利感到满意时，就不会再继续拉高股价，而是趁众多的跟

风买盘涌入时展开积极的出货操作。主力的出货操作导致盘中资金流向的变化：原本资金是持续入场进行做多操作，所以股价才会不断上涨，但现在，资金却是不断向外撤离，因此股价怎么可能再继续上涨呢？

2011年1月20日银鸽投资的股价出现短线见顶强烈征兆，这天过后，股价随即展开多日调整走势，然后形成一段窄幅震荡区间，是什么原因导致股价如此快涨快落的走势呢？就是资金的流向。短线资金集中力量快速向下打压，股价怎么可能还会持续上涨呢？但是资金流向不是每个投资人都可以准确研判出来的。因此投资人需要找到一种方法可以准确看出盘面资金流向的变化。短线分时K线形态就是分析资金流向较好的方法。

图3-3为2011年1月20日的分时盘走势，股价开高快速创下盘中高点9.85元，然后快速拉回至全天的最低点，随后出现弱势盘中反弹，股价

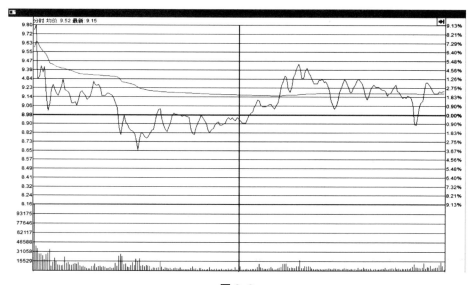

图3-3

以一根带长上下影的中阴线作收。股市开盘后，几乎被主力拉至涨停的位置，但为什么又跌了回来呢？这是因为股价在盘中冲高的过程中，盘中的主力都在进行力度较大的出货操作。阶段性高点都是主力最好的出货点，由于主力的出货形成连锁效应，于是盘中越来越多的跟风盘纷纷抛售筹码，因此股价在这一天才会快速走弱后反弹乏力。虽然股价有开高，而且形成盘中的新高，但这些又怎么能抵挡得住较大力度的卖盘呢？资金流向反转确认了股价短期走势必然要发生变化，这种变化从当日的分时 K 线形态展现出来。1 月下旬至 2 月下旬次要震荡趋势的出现就是为了主要上升趋势能延续下去。只有准确研判次要趋势的性质才能准确把握主要趋势的脉络，每当次要震荡趋势出现以后，股价会以更大力度向上涨升。

图 3-4 是华润万东（600055）2009 年 8 月到 2010 年 1 月的日 K 线走势图。图中显示，华润万东的股价从 2009 年 9 月 1 日的 7.76 元低点开始

图 3-4

站稳回升，出现一轮短线震荡上涨的行情。由于股价波动重心不断抬高，使主要上升趋势的特征非常明显。主要趋势显示的是股价大方向，在大的上升趋势确立以后，投资人最好的操作方法就是顺势而为。从图3-4可以看到，由于受资金进场操作的推动，股价在11月中旬开始连续收出了大阳线上攻走势，特别是11月19日收出涨停板后，股价于次日再次出现盘中新高涨停现象。极快的上涨速度和巨大的短线上涨空间，吸引了众多投资人的关注。在股市中想要引起散户投资人注意，最好的办法就是透过巨大的涨幅激起投资人追涨的兴趣。

股价只有涨势迅猛，才会出现巨大的获利效应，才会使越来越多的投资人愿意积极进场操作。股价能以这么快的速度上涨，主力不是为了让投资人赚钱，而是另有目的，那就是希望借由快速的拉抬手法吸引更多场外投资人关注个股，从而为日后出货提供良好的机会。如果没有人跟风买入，主力就难以出货。主力的出货，一定会在K线图上留下明显痕迹。

从图3-5的分时盘可以看到，2009年11月20日华润万东的股价再次大幅度开高以后，盘中极速上冲至涨停的位置，这个上冲过程再次吸引散户投资人的兴趣，于是场外投资人纷纷入场抢筹，生怕股价又一次涨停而错过难得的入场机会。可就在投资人蜂拥买进时，意想不到的事情发生了，主力在拉抬至12.14元新高点后，随即停止拉高动作，而是在盘中大肆展开出货操作。这种盘面现象显示，虽然主要趋势的方向是向上，但不代表没有下跌的风险。主要趋势是由多个次要趋势组成的，在股价上涨时，出现与上涨方向相反的短线下跌或震荡走势就是次要趋势。

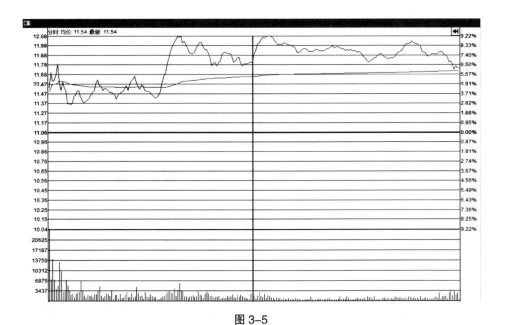

图 3-5

从图 3-4 可以发现，2009 年 11 月 20 日的成交量创下近期天量。从股价冲高拉回的形态来讲，无法说明这些巨量是主力的增仓行为所致。配合股价快速上涨，这些巨量可以确认是主力的短线出货操作所致。除了由成交量确定外，通过股价的 K 线形态也可以确认主力在出货。11 月 20 日的长上影线说明主力利用盘中的上涨，顺利完成了出货，但由于出货时卖盘大于买盘，所以股价很难保证盘中持续上涨；随着卖盘增多，股价也就节节滑落，因此在 K 线上留下一根长长的上影阳线。

这根长上影阳线的出现预示着股价短期内将进入调整阶段，而与主要上升趋势相反的波动就是次要波动趋势，次要趋势的出现为散户投资人带来了短线下跌或震荡的风险，因为无论是什么样的趋势都会具有延续性，次要趋势也不例外，其无非就是延续性的长短问题。因此一旦

股价形成短线的次要整理趋势，投资人需要及时离场，以规避短线调整风险。

图 3-6 是葛洲坝（600068）2012 年 2 月到 8 月的日 K 线走势图。图中显示，葛洲坝的股价在 2012 年 3 月 2 日探出中期反弹高点 8.75 元以后，由于资金不断撤离，股价出现下跌的走势。从图 3-6 看到，股价的波动重心始终向下，这时投资人一定要注意大趋势的方向，不能在主要趋势向下时还继续持股。其实很多投资人出现大幅亏损的主要原因就是在大趋势向下时没有及时出局。虽然主要趋势的方向是向下，但并不表示股价会一跌到底，持续的做空将消耗盘中空头的能量。为了重新累积做空的能量，股价就会出现短时间的反弹走势。如果主要趋势是下跌的，那么次要趋势一定是上涨。但次要反弹走势的出现绝对不会扭转主要趋势的波动方向，而

图 3-6

且次要趋势形成以后，股价在后期必然会出现创新低的走势，只有这样才可以维持股价波动重心的不断下移。

从图 3-6 可以看到，股价从 3 月初开始出现两波快速下跌，跌势过急，成交量出现萎缩现象，这种盘面现象就很难骗进来更多投资人买入。如果主力持续把股价打下去只会吓跑想进场的抄底买盘，所以一味采用下跌的方法出货是不合适的。投资人什么时候最愿意入场操作？就是在股价再次形成强势的时候。因此主力就会在中继性区间故意让股价的走势再一次形成强势，让投资人认为主力的第二次拉升马上就要展开了，从而入场接过主力出的货。2012 年 3 月 29 日收出一根中阴线后，股价反弹如期而至，但是在上涨形成时可以看到成交量始终保持萎缩状态，这说明在这个短线低点没有主力资金集中入场，直接上涨空间比较小。在反弹上涨的过程中还可以看到，反弹 K 线实体都不大，量能也没有有效放大，当反弹高点触及 3 月中旬第二波下跌的中继低点附近时，便受到强大的压力而再次拉回整理。5 月 28 日股价再次出现一根实体较大的放量上涨中阳线，但好景不长，次日股价仍旧无法突破震荡平衡的箱顶，从而导致反弹上涨结束，股价陷入无量盘跌的不良态势。股价在震荡区间内进行无量反弹并不是不能操作，问题是投资人一定要意识到上涨空间与上涨力度不会太大。另一方面，主力也无心拉高，一旦有买盘，就会不顾一切疯狂出货。所以对于下跌中继性震荡区间，投资人还是少碰为妙。

图 3-6 显示，股价在 2012 年 6 月 21 日出现一根跌破中继震荡平台的阴线，破位点的形成就意味着中继次要反弹趋势的结束，同时破位的形成也意味着新一轮下跌开始。次要趋势的形成是不会扭转股价下跌的波动重心的，那么我们如何准确判断股价的波动是不是次要趋势呢？首

先从股价的跌幅来看，如果股价的跌幅未能超过前期上涨幅度的 2/3，那么此时的反弹上涨往往就是次要趋势。其次，成交量的变化可以及时向投资人传达出上涨空间大小的信息，这对于投资人正确判定获利预期有极大帮助，并且由于无量反弹容易受到压力，也很容易帮助投资人及时回避风险。

震荡确认，其实确认的就是股价走势的性质。我们就是要通过具有特征的 K 线以及股价走势形态来判断行情的具体性质以及到底当前的主要趋势与次要趋势都是什么。只有搞清楚行情的具体性质，才能有针对性地制定操作的具体策略。

有很多投资人非常努力地去研究如何找牛股、抓黑马，如何才能计算出顶和底的位置、时间，如何才能精确地控制买点和卖点，但却忽略了股市中最重要的环节，那就是要搞清楚目前股价运行在什么样的环境里，也就是说上涨与上涨会有着本质的区别、下跌与下跌也会有本质上的不同。有的时候涨势凌厉却只是反弹，而有的时候温和上扬却是主升；有的时候跌得惨烈却是洗盘，而有的时候缓缓下挫却是漫漫熊途。

在不同的市场环境中，或者说在不同的主要趋势下，应对上涨与下跌的策略也会有着很大的区别。所以，有必要先对行情的性质进行准确的判断。

当有机会获利时，千万不要畏缩不前。

震 荡 平 衡

1. 原理综述

　　震荡平衡是指当股票的价格上涨或下跌到某个价位附近时停止原有运行趋势，并且出现再一次反向走势，这是由于该位置是前期多空双方的持仓成本区所在，因此会对股价的上涨或下跌产生强大的支撑或反压作用。震荡平衡区间在股价上涨或下跌过程中会产生改变股价原有运行趋势的作用，这个暂时改变股票价格继续上涨或下跌的价格区间就是震荡平衡（支撑线）所在的区间。

　　震荡区间内，股价无论是上涨还是下跌行情，都有下档支撑位和上档压力位，它们相互依存。只是由于在行情处于下跌的过程中，投资人比较重视下跌到什么位置是底，所以很重视区间支撑位；而在行情上涨的过程中，投资人比较重视上涨的什么位置是顶，所以很重视上档压力位。

　　震荡平衡区间内的下档支撑位和上档压力位对股价波动的影响为我们提示了股价短线涨跌的规律。如果股价受到区间上档压力拉回，那么投资人就要离场回避风险；但如果下档可以对股价形成有效支撑，投资人则需要入场操作或继续持股。平衡区间内的支撑与压力是相互转化的，投资人根据压力与支撑的相互转化，便可以及时把握股价波动带来的短线获利机会。

　　一般来说，震荡平衡区间是一段蓄势整理区间，其短暂平衡最终会被打破。当股价到达压力位时，出现向上突破走势后，上档压力就会失去

作用，同时又会由压力位转变成支撑位。在突破上档压力位并转变为支撑时，投资人便可以入场进行操作了。相反，如果股价向下突破支撑位则形成反压，趋势将转弱。

2. 经典案例

图 3-7 是白云山（600332）2011 年 8 月到 2012 年 5 月的日 K 线走势图。图中显示，白云山的股价从 2011 年 8 月中旬开始形成一段较为标准的下跌走势，股价稳步下跌且量能萎缩，说明股价即将形成较为明确的阶段性底部。但在股价未止跌之前，投资人的操作一定要停下来，并且只要下降趋势没有改变，就不能入场操作。

从图 3-7 可以看到，股价在持续下跌后，随着空方不断释放能量，股价在 2011 年 10 月 24 日形成 10.80 元低点后，开始站稳回升。股价在

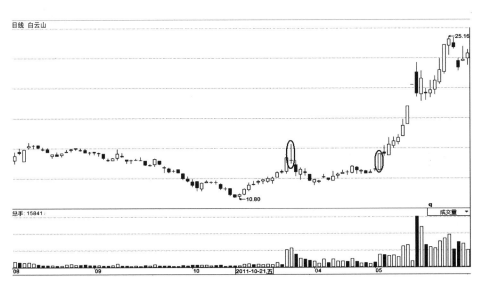

图 3-7

2011 年 11 月 7 日起连续停牌，并于 2012 年 3 月 28 日开盘后形成一个反弹涨停高点 14.45 元，这个高点对后期的波动产生较大的压力作用。紧接着，3 月 29 日收出一根短线见顶的开低走高再拉回的长上影放量十字线，短线上档压力极大，上行趋势受阻。每当股价反弹到前期高点 14.45 元附近时，就会受到压力停止上涨，短线的窄幅整理走势也就由此展开。一旦压力形成，如果股价没有向上完成突破，这个压力就会始终存在。这种现象显示，一旦股价在某一震荡区域出现溢出上升趋势的征兆时，也就意味着原有的上升趋势即将发生改变。如果股价随即展开震荡走势，原有的上升趋势就会进入一段震荡平衡区间。

如果股价在此区间内没有形成较大的上涨或下跌走势，而是出现无方向的波动走势，则往往意味着震荡平衡区间已形成。震荡平衡区间的特点就是股价暂时出现无方向波动，这是股价休整期间，为了在后期重新选择波动方向。从图中可以看到，2012 年 5 月 3 日形成 14.75 元涨停阳线后，股价顺利突破前期高点 14.45 元压力。一旦压力被有效突破，那么压力位便会形成支撑位。股价突破压力以后会再一次出现上升走势。

一般来说，窄幅震荡平衡区间是不需要进行操作的，因为这个区间股价处于窄幅无方向状态，虽然在该区间股价也有一定程度波动，但由于波动幅度非常小，所以很难给投资人带来较好的短线获利机会，并且由于后期趋势未明，因此最好的方法还是先行回避，等趋势形成后再进行操作。

图 3-8 是荣华实业（600311）2010 年 4 月到 11 月的日 K 线走势图。图中显示，荣华实业的股价在 2010 年 5 月下旬至 6 月下旬形成一段下跌中继平台；到了 6 月 29 日收出一根向下破位跌停阴线后，K 线形态演变

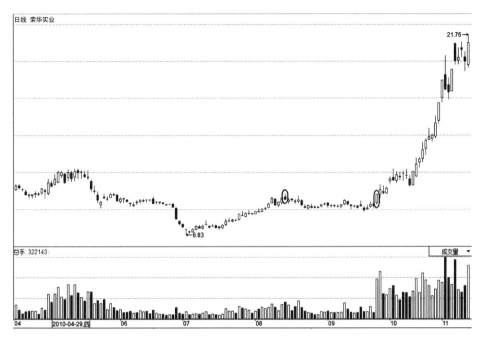

图 3-8

为较为陡峭的探底走势。2010 年 7 月 2 日股价探出中期低点 6.83 元后站稳回升，荣华实业的股价随后演变为较为明确的回升走势。低位震荡上升走势的形成，说明中期下跌趋势的结束。当上升趋势形成时，投资人应该择机进场操作，只要上升趋势没有改变，就要以持股待涨为主。

从图 3-8 可以看到，股价在小阳小阴稳步推升下，量能也随之温和放大。低位温和上涨说明场内筹码锁定较好，主力资金和跟风盘都看好后市。在股价持续上升到前期下降整理平台后，随着多方能量不断释放，股价出现了滞涨现象。一旦股价在震荡整理区间延续一段时间溢出上升趋势，也就意味着股价将进入一个整理区间。从图 3-8 可以看到，荣华实业的股价在 8 月 13 日收出一根放量冲高拉回小阴线后，既没有形成上涨行情，也没有出现快速的下跌走势，而是出现无方向的横向波动走势，这种盘面现象往往意味着窄幅盘整区间已经形成。震荡盘整区间的特点就是股价暂时出现无方向波动，这是股价休整期间，也是为了在后期重新选择波动方向。

从图3-8可以看到，2010年9月27日股价收出涨停阳线后，顺利突破震荡区间高点的压力，股价进入新一轮的快速上升阶段。

图3-9是阳泉煤业（600348）2010年6月到11月的日K线走势图。从中可以看出，股价在2010年6月8日形成一处跌幅达60.66％的除权缺口，当天以一根缩量十字线作收，收盘价为16.7元。由于没有资金跟进，股价除权后呈现继续震荡走弱的趋势，连续的缩量使得场内人气涣散，这种盘面特征宣告场内外投资人并不认同目前的除权价位。在下跌趋势仍较

图 3-9

明显时，最好的操作方法就是回避风险。

股价除权的下跌是资金继续离场推动的，只要盘中资金不断抛售，下跌便不会终止。从图 3-9 可以看到，6 月末，股价由于连续下跌使得盘中出局的资金越来越少，空头的做空动能变得越来越弱，后期出现下跌暂停的现象也就很正常了。

2010 年 7 月 5 日股价探出低点 11.97 元之后，随着震荡站稳回升走势的出现，股价逐渐脱离下降通道的压制，以小阳小阴的方式缓步推升。由于量能仍旧处于低迷状态，股价在 8 月初期上升至前期除权压力位时，股价便停止温和攀升的态势，进而转入一段横向波动区间，并且量能也呈现萎缩状态。从 8 月上旬至 10 月上旬，股价的波动没有任何方向，波动的性质就是标准的震荡平衡态势。窄幅震荡平衡区间的形成，并不意味着后期一定是涨或是跌，在这个平衡区间投资人所要做的就是搞好对未来趋势的研判，以应付后期趋势变化。

震荡平衡的形成只表示趋势暂时处于无方向状态，但是经过一段时间的震荡后，股价波动必然会选择方向。在方向没有明确前，很难透过技术分析判断后期趋势是怎样的，在这个区间最好在场外观望、等待，直到趋势明朗。从图 3-9 可以看到，2010 年 10 月 8 日形成 17.35 元涨停阳线后，股价顺利突破前期除权压力位 16.70 元的压力。一旦压力被有效突破，那么压力位便会形成支撑位。从图中可以看到，股价在突破压力以后出现再一次上升走势。

图 3-10 是天方药业（600253）2011 年 1 月到 6 月的日 K 线走势图，图中显示，天方药业的股价在 2011 年 4 月 19 日的 11.21 元反弹高点附近出现震荡，接着在成交量急剧放大走势出现后，股价便出现快速下滑走

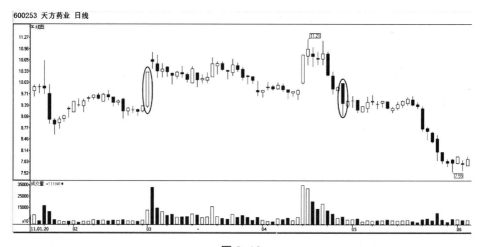

图 3-10

势。资金出货的临界点就是做多资金与做空资金的转换点。当投资人发现
股价高位有大量资金出局的迹象，就要小心股价波动的性质将会发生重大
改变。

在股价形成下跌走势之后，虽然下跌走势是当前的主流，但下跌走势
不可能一次完成，当空方能量有了一定的释放后，必然会出现休整走势。
从图 3-10 可以看到，当股价拉回至前期 3 月 1 日的反弹涨停支撑位时，
在 4 月 28 日出现一根下跌站稳下影锤头阴线，随后便出现一段近 15 个交
易日的短期横向震荡走势。股价在这个下降中继区间内保持无方向的波动
状态，并且波动的趋势明显摆脱原有的下降趋势。这种走势说明当前波动
性质为短期震荡平衡区间。

震荡平衡区间的形成，意味着多空双方都在此处进行整理，多空力
量对比到底谁更强大一些，在此时的平衡区间内很难提前预知，只能随后
期趋势的逐渐演化再进行研判。但震荡平衡区间是投资人制定投资策略的

区间，特别是股价在下降趋势中所构筑的短期震荡平台更要加以重点关注。一旦股价后期出现了某种方向的波动，投资人就要拿出制定好的应对方案。

股价进行在震荡平衡区间内，虽然有可能出现上涨或下跌，但该区间的波动重心却始终保持水平状态，在该区间切不可见到上涨就追。在无法获利的区间强行操作，虽然资金不会有较大亏损，但会打乱操盘计划，进而导致中短线临盘心态变坏。股价的平衡震荡格局最终会被打破，总会有震荡盘局结束的一天。从图 3-10 可以看到，2011 年 5 月 23 日出现一根开低走低大阴线，打破了原有的平衡震荡格局，股价沿着原有的下降通道继续运行。

图 3-11 是航天信息（600271）2012 年 2 月到 7 月的日 K 线走势图。图中显示，航天信息的股价在 2012 年 2 月 19 日反弹至 23.17 元高点后便出现快速下跌走势。一旦下降趋势形成，即使股价后期出现反弹走势，仍

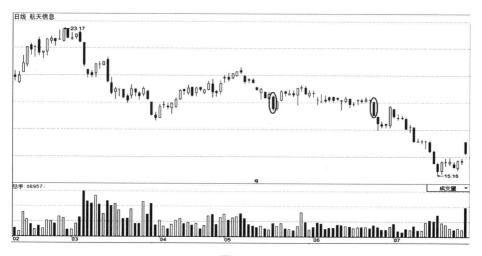

图 3-11

旧改变不了中期不断下行的趋势。不过虽然下跌时间很长，但下跌途中反弹或震荡整理走势还是经常出现。

图 3-11 显示，2012 年 5 月 18 日收出一根实体较大的向下中阴线，股价似乎又将转入新一轮急转走势，但行情偏偏与多数的人意愿相反：股价在次日便出现连续地弱势反弹，虽然反弹力度极其有限，但此时波动重心明显溢出原有的下跌趋势线，横了一段明显的横向调整区间。虽然大的下降趋势有了转变，但股价在这时并没有任何波动方向可寻，这种窄幅波动走势便是震荡平衡区间最明显的技术特征。震荡平衡区间出现并不表示股价后期一定会跌，它只是暂时性地对原有趋势的技术性修正行为。在股价震荡一段时间后，多空双方在这个区间蓄势，然后选择新的运行方向。如果多头力度大，股价会上涨；如果空头力度大，股价必然会在后期保持下跌走势。从图 3-11 可以看到，2012 年 6 月 25 日出现一根开低走低大阴线，使得维持 25 个交易日的平衡震荡格局被打破，股价重新回到原有的下降通道内运行。

在震荡平衡区间内，投资人能做的就是制定投资决策，最好不要在震荡平衡区间做短线操作，因为趋势未明无疑会使资金的风险加大。特别是在下降趋势中，震荡平衡区间会在不同的位置出现，并且其形态与形成的时间也有很大不同，但它们的性质却是完全相同的，性质相同也就导致股价后期波动性质一致。

 挖掘潜藏的绩优股，并长期抱牢。

图 3-12 是平高电气（600312）2012 年 2 月到 7 月的日 K 线走势图，图中显示，平高电气的股价在 2012 年 3 月 12 日创出 10.35 元反弹高点后便呈现快速下跌走势，这种不良态势意味着大的下降趋势仍旧没有改变。在下跌过程中可以看到，阴阳线不断出现，并且成交量也在这一区间呈现逐级快速萎缩的现象。这种技术形态正是下跌趋势延续的特征。在重要下降通道的初期，投资人所能做的就是一路做空。由于前期反弹上涨时量能呈现稳步放大的态势，下跌缩量正好说明成交量较小，因此缩量下跌的现象不会长久存在。

图 3-12 显示，在股价快速缩量下跌后，2012 年 3 月 28 日收出一根跌幅达 6.54% 的中阴线，随后又出现两根缩量十字星，股价继续做空的动能明显不足。股价在 3 月 28 日收出的中阴线在震幅范围内出现了一轮较长时

图 3-12

间的震荡走势。虽然这一区间时常也有小幅反弹现象出现，但股票的波动重心却始终保持水平状态，这种波动使得趋势暂时无方向。在趋势没有方向时，最好退在场外观望，什么时候趋势明确形成，什么时候再入场操作。

在下跌的过程中，如果股价的波动形成震荡平衡区间，投资人要做两手准备：一是如果股票在后期继续下跌走势，要继续做空；二是如果股价后期结束了下降趋势，形成新一轮反弹上涨走势，就要在盘中积极入场做多。在这个区间如果方向没有明确，所有的操作都要停下来，并且只能进行相应的计划，而绝不能提前将这些计划实施。图 3-12 显示，2012 年 6 月 4 日股票开低走低一举跌破构筑了近 40 个交易日的平衡震荡区间低点，新一轮下跌走势就此展开。

说起震荡平衡，正是我们平时理解中的震荡，也就是股价在一定时间内在一定的价格区间内运行，趋势既不向上也不向下。多空双方在此价格区间内达到暂时的平衡。这个平衡区间往往伴随着成交量的逐渐萎缩，这主要是因为多空双方对后期市场的走势都没有一个明确的预期，谁也不愿意首先发力，都在等市场中契机的出现。

虽然成交量逐渐萎缩，但由于股价在相对窄幅的震荡区间内运行了较长一段时间，这个价位区间的换手也就有了相当程度的积累。一旦震荡结束，股价就会转向或上或下的某个方向运行。

这也就意味着多空双方必有一方的判断是错误的。那么，这股错误的力量就会对今后的行情起着至关重要的支撑或阻碍的作用。股价再度回到当初的这个区间，就会出现相反方向的力量，从而阻挡行情趋势的继续。能否有效突破或跌穿这个区域，也就成为我们对后市行情发展方向进行判断的有力依据。

震　荡　上　升

1. 原理综述

　　股票价格在波动时，经常会在某一特定时间段形成震荡平衡的走势，这种走势意味着多空双方势均力敌。所以在某个区间内股价便会处于无方向的平衡波动状态。股票出现震荡平衡走势时，谁也无法提前预知后期方向如何，因此当股票处于窄幅水平波动状态时，最好的操作方法就是等待趋势明确后再入场进行操作。但是窄幅震荡时，股价所处的位置往往可以在一定程度上帮助投资人预测后期的波动方向：如果主要趋势是不断向上，那么出现的平衡波动走势往往在后期也会向上突破；而一旦震荡平衡走势被向上突破，往往意味着上升趋势仍将继续延续下去，这时就需要及时入场操作了。此阶段的窄幅震荡走势其实属于次要走势，因为是横向水平的震荡，所以股票的重心并没有向下。

　　主力在上升趋势的某一阶段营造震荡平衡区间的目的就是要让散户投资人卖出在低位买入的股票，而不只是单纯地让股价形成窄幅震荡调整走势。因为主力买入股票以后，往往会锁定底部买入的股票；只要股票没有上涨到真正的顶部，主力是不会轻易卖出手中筹码的。在主力清洗低位投资人跟风盘时，有一种方法往往是最有效的，那就是进行横向震荡操作。横向震荡操作的技术特征是：股价上涨到一定的高度以后，主力便会压制住股价的上涨，使之长时间形成滞涨走势。一旦股价长时间不涨，低位投资人看到股价无法有效突破，便会因为缺乏耐心，在横向震荡区间抛出手中的股票，从而使主力达到震仓洗筹的目的。

2. 经典案例

图 3-13 是包钢稀土（600111）2011 年 11 月到 2012 年 4 月的日 K 线走势图。图中显示，包钢稀土从 2011 年 11 月中旬开始，股价下跌时成交量呈现逐渐萎缩的态势。在股价形成下降趋势时，如果成交量没有放大，就意味着股价目前的位置没有得到大资金的认可；而资金只要不入场进行积极操作，股价便不会出现好的上涨走势。什么时候成交量放大了，股价才会止跌站稳回升。

从图 3-13 可以看到，包钢稀土的股价到了 2011 年 12 月 22 日收出一根探底回升十字星 34.03 元后，在中期底部区间形成一段筑底温和放量中继平台。包钢稀土的股价在 2012 年 1 月 9 日出现底部突破性阳线以后，出现持

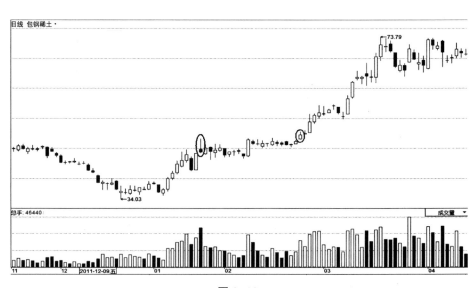

图 3-13

续性上涨，并在上涨中途出现一段标准的窄幅震荡的波动区间。从 2012 年 1 月 18 日出现一根巨量长上影十字星开始，到 2 月 23 日再次出现开高走高突破性阳线为止，震荡平衡区间跨度接近 20 个交易日。虽然股价在这段区间内没有上涨，但从大趋势来看，平衡区间内没有明显的放量迹象，没有量能配合，主力无法形成有效出货条件，况且股价波动的重心没有明显下移。我们连接股价波动的低点，可以得到一条上升趋势非常明确的趋势线。说明这段上升窄幅震荡的走势属于次要趋势，主要趋势仍旧是上升趋势。

从图 3-13 可以发现，由于股价在平衡区间震荡幅度偏小，难以形成较多的短线获利机会，就算投资人入场也不会实现收益，同时由于股价趋势未明，波动仍旧会存在短期震荡风险，因此不能在横向震荡区间入场。经过充分的震荡以后，2 月 23 日股价开始发力上攻。随着突破震荡平台阳线的出现，新一轮上升趋势再次形成。在 2 月 23 日突破点处，投资人应当及时入场操作。因为横向波动区间属于次要趋势，所以当窄幅整理走势结束以后，股价还是会按照主要趋势的波动方向展开持续性上涨。

图 3-14 是康缘药业（600557）2012 年 3 月到 8 月的日 K 线走势图。图中显示，康缘药业的股价在经历持续下跌以后，于 2012 年 4 月 10 日收出一根探底 10.82 元的长下影锤头线。长下影锤头线的出现，说明股价此时的下跌已经接近尾声，获利的机会也会在这个时候出现，一旦后期股价走势具备多空转折的技术条件，投资人就可以入场进行操作。股价探明中期底部之后，便很难收出实体较大的阴线了，即使出现震荡走势，K 线的下跌力度也会比较小，说明股价的做空动能得到很大释放。做空动能的消失，意味着做多动能的强盛，后期一旦股价出现实体较大的阳线，投资人就应当入场操作。低位阳线的不断涌现，意味着多空的趋势将会得到彻底改变。

图 3-14

　　从图 3-14 可以看到，康缘药业的股价在主要上升趋势形成后，出现两次横向震荡的走势。为什么说这两次震荡走势属于次要震荡平衡趋势呢？首先，投资人可以先看到股价自 4 月上旬探底回升以来运行的大趋势变化。股价探底 10.82 元以后，出现持续性上涨，高点不断上移，并且股价的调整低点也在不断抬高，而且股价的波动重心也是在不断抬高，这种走势就是典型的主要上升趋势的特征。那么 5 月初至 6 月初以及 7 月初至 8 月初这两段窄幅震荡调整区间是否具有次要趋势的特征呢？毫无疑问！股价在横向波动区间时，其低点始终没有跌破上涨波段的 1/2。虽然股价没有上涨，但波动的重心没有下移，主要趋势处于上升状态，而此时的调整虽然没有下跌，但与上升趋势也是背离的，所以 5 月初至 6 月初和 7 月初至 8 月初这两段横向整理走势就是标准的次要趋势。

　　震荡平衡结束以后，股价出现向上突破的走势，突破的位置是短线买点。同时，突破的形成意味着主要上升趋势将会延续下去。从图 3-14 可以看到，6 月 5 日和 8 月 2 日分别收出突破性放量大阳线。震荡平衡区间顶部放量突破，意味着上方套牢盘一定程度上解套出局，并且有新的主力资金进场做多。这里平衡区间的突破，具有强烈的象征意义，是股价脱离窄幅震荡区间重新步入升势的信号，短线临盘应积极参与，报酬一般都会远大于风险。

　　一般来说，股价上涨的初期和中期位置的箱体突破可以看做是一个上涨途中的中继平台，后市依旧有持续看涨的理由。需要说明的是，一旦股价突破震荡平台之后再次跌回整理区间之内，就是短线突破失败的征兆，此时可以进行第一次出局的操作。因为一旦股价再次进入震荡区间，也就意味着多空双方再次进入到一个周期较长的无操作价值区，暂时退出观望是较为妥当的操作策略。

　　图 3-15 是神奇制药（600613）2011 年 12 月到 2012 年 8 月的日 K 线走势图。图中显示，神奇制药的股价在 2011 年 12 月末以前，股价出现连续下跌走势，下降通道的形成不仅说明股价的趋势是向下，同时说明盘中的资金不断向外撤离。在股价持续下跌时，我们可以看到始终收不出实体较大的阳线。没有大阳线出现，就说明当前没有主流资金进行积极操作。所以此时投资人要做的就是静静等待——等待主力资金入场，等待多空转折点的出现。

　　2012 年 1 月 6 日神奇制药的股价探出 6.55 元中期低点后便站稳回升，1 月下旬收出一根带长下影锤头线。低位锤头线的出现有效阻止了股价进一步下跌。这根探底锤头线的长下影部分是放出巨量的，足以说明有资金开始入场进行操作，投资人此时应当跟随主力资金的入场而入场。从图

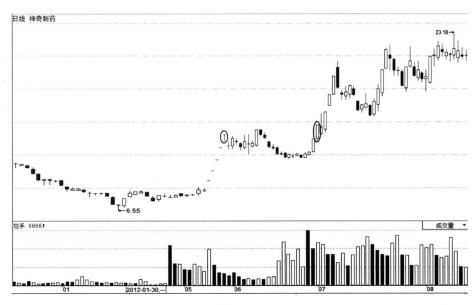

图 3-15

3-15 可以看到，股价探底 6.55 元低点后的第二个交易日，便放量收在涨停位置。一旦股价形成上升趋势，便会出现较长时间的延续。但是主力进场以后，不会连续拉高股价，因为这样做只会给低位介入的投资人当"轿夫"。如果获利盘在高位仍大量存在，还会对主力的顺利出货造成影响，所以当大的上升趋势形成以后，主力必须进行清洗浮动筹码的操作，让那些于低位区域入场的投资人出局，与其他投资人进行换手，从而提高场内持筹者的平均持仓成本。主力在震仓时有很多种操作手法，其中有一种就是构筑震荡平衡区间，维持股价在某个区间内窄幅横向震荡，透过较长时间整理走势来"折磨"投资人的持股信心。

　　震荡走势的出现，说明有卖盘打压，但为什么卖盘出现并没有使股价下跌呢？背后的原因就是主力在场中对股价做积极的维护。由于股价横向

震荡时，其波动重心没有降低，因此这种走势就是次要走势，一旦次要走势结束，股价会延续主要趋势的方向持续上攻。股价向上突破横向平衡区间高点时，就意味着上涨趋势又一次形成，这时一定要及时入场操作。

从图3-15可以看到，由于股价在2012年5月中旬连续出现五根涨停阳线，造成5月下旬至6月下旬的平衡震荡区间较为宽泛，箱体区间波动幅度达15％左右。2012年6月中旬，股价在平衡震荡区间的低点区域连续收出阳线，这些阳线逐渐收复股价调整时的失地。特别是6月20日收出一根放量涨停大阳线，这根涨停阳线不仅吞掉调整时出现的所有阴线，阳线的实体还直接突破了平衡波动区间的高点，具有极其明显的突破迹象。这根放量涨停大阳线的出现，说明股价的短期调整已经结束，股价后期的趋势会在大阳线的推动下逐渐上行，因此这根大阳线就有突破作用。一旦具有突破作用的阳线出现，股价后期必然会出现连续上涨走势，因此投资人面对上升趋势的再度出现应当采取积极的操作策略。

图3-16是中茵股份（600745）2011年11月到2012年4月的日K线走势图，图中显示，2011年12月末以前，中茵股份的股价保持着连续下跌走势。对于股价下跌，投资人都是非常厌恶和恐慌的，因为下跌总是会使投资人的资金出现严重亏损。但投资人不能对股价的下跌一味抱着消极回避的态度，因为股价只是在下跌的初期与中期才会给投资人带来较大风险，而在股价下跌末期反而会孕育较大的上涨机会。持续的下跌，意味着后期上涨空间的广阔，股价下跌的幅度越大，后期上涨的空间也就越大。

从图3-16可以看到，2011年12月28日股价收出一根低位探底十字星5.34元，这根探底十字星的出现，宣告股价的下降趋势结束。十字星的长下影位置出现成交量的密集放大，这说明先知先觉的场外资金入场积

图 3-16

极性是很高的。中茵股份的股价在下跌时，成交量始终保持非常低迷的状况，而此时别说大阳线了，就是中阳线也很难出现。当股价进入到底部区间时，由于股价存在较大的上涨空间，因此引起资金的兴趣，于是主力积极入场进行操作。主力积极建仓促使底部区域出现较多实体较大的阳线，在此时投资人应当分批及时跟随主力的资金一起入场。一旦主力的资金入场，只有把股价推到高位以后才可以成功实现获利，因此跟随主力入场，就意味着将会成功地实现获利。

2012 年 2 月 16 日股价收入一根放量加速涨停阳线，然后在 17 日开高后，股价便开始出现大幅震荡，量能也形成近期的最大值。股价上涨到高位以后，开始进行正常的震荡整理是可以理解的。在大的上升趋势非常明确的情况下，投资人应当顺势而为，因此只要股价的波动重心没有下移，并且上升趋势保持完好，那么无论股价如何波动，都只是属于次要整理趋

势；次要趋势结束以后，股价还会按照主要趋势的波动方向不断上扬。

股价在 2 月下旬至 3 月下旬的横向震荡时，基本上波动重心呈现平衡状态，并且调整低点非常有限，上下震幅也在 10% 的窄幅区间内。次要整理趋势与反转趋势的区别就在于是否可以将主要趋势的波动方向改变。震荡平衡的波动没有影响股价的波动重心变化，所以它的走势不具备反转趋势的能力。

从图 3-16 可以看到震荡波动的末期出现缩量涨停的现象，是谁有能力让股价缩量涨停呢？难道是散户投资人？绝对不是！散户投资人只能跟风获利，无力左右股价的上下波动。3 月 21 日缩量涨停之后，股价在 3 月 22 日再次缩量封在涨停的位置上，并且突破平衡震荡区间的最高点 2 月 17 日的 7.87 元。3 月 22 日的开盘涨停价是 8.05 元，股价顺利完成向上突破。在经历了平衡震荡走势以后，如果向上突破，就意味着后期的波动方向将会是向上的。平衡震荡的向上突破走势是投资人经常看到的走势之一，一旦向上形成突破，就表示新一轮上升趋势的到来，此时投资人应当积极入场操作，只有这样才可以把握住主要趋势带来的巨大获利空间。

震 荡 下 降

1. 原理综述

股价出现大幅下跌行情之后，波动重心出现较明显的下移，出现窄幅波动的走势。股价下跌时成交量明显放大，而在窄幅震荡整理区间内成交

量则是萎缩的，说明一旦股价下跌便有资金兑现离场。而下跌途中的震荡
调整时的无量状态，说明股价进行平衡整理并没有太多资金参与。在震荡
区间内，当股价触及震荡区间上轨时，便停止上涨出现拉回；而当股价触
及震荡区间下轨时，又会停止下跌出现上涨，而后直至触及上轨，一旦成
交量出现放大现象，上轨的压力作用和下轨的支撑作用就会失效，因此在
对震荡整理行情进行操作时，量能是大是小很关键，越是没有资金人为干
涉，上轨和下轨的支撑作用与压力作用才会越有效。从技术的角度来看，
股价震荡波动时完全可以进行短线操作，但站在资金安全的角度来看，由
于波动区间所有的涨跌机会极其有限，频繁交易是不明智的，一定要在资
金安全性最高的情况下操作，这其中涉及的要点就是顺应大趋势决定操作
方向。

　　如果震荡整理走势出现之前，股价处于一波下跌的行情之中，那么当
前整理大趋势方向是向下，这种震荡横向走势往往是下跌中继信号，后期
股价有很大机率创下震荡整理后的新低。对于此阶段的窄幅波动的平衡区
间，投资人应当小心，如果不慎入场操作，一定要在股价向下创出新低的
时候快速停损离场。股价重心的下移必定会扭转前期上升的主要趋势，因
此下降会成为后期的主要趋势。而下跌后的震荡横向波动走势并不是多空
平衡的含义，这是因为多头无力反攻，同时也是空头做进一步休整，为后
期的持续下跌做准备。

2. 经典案例

　　图 3-17 是宝硕股份（600155）2012 年 3 月到 8 月的日 K 线走势图。
图中显示，宝硕股份的股价在 2012 年 3 月上旬上涨到阶段性顶部以后，

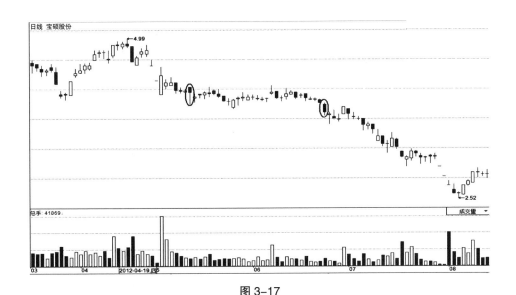

图 3-17

随着成交量放大现象的出现，股价形成明显滞涨走势，高位区间的量价配合向投资人提示顶部到来的信号。股价经过 20 个交易日的持续拉回以后，于 4 月上旬再一次形成上涨的走势，但是第二次上涨的高点却始终无法突破前一次顶部高点，股价形成"不过前高"的不良态势。由于 K 线"不过前高"的走势总是出现在股价反弹上涨以后的高位，所以它就是风险到来的信号。只有空头的力度大于多头的力度才可以压制股价形成突破走势，所以在资金不断进行出货操作的情况下，一旦股价在前期高点附近上涨受阻，投资人一定要赶快卖出手中的股票。

从 3-17 可以看到，2012 年 5 月 14 日股价在回档到 4 月上旬反弹站稳区域时再一次获得支撑。5 月 14 日收出的这根下影线的锤头线出现以后，股价便出现横向窄幅震荡。横向平衡整理走势说明波动暂时没有方向，而如果只看到局部趋势的话，投资人很难判断股价后期到底是涨是跌。局部无法判断,那么投资人就要将目光放长远一些。

股价在横向震荡出现时,大实体的阳线并没有出现,整体趋势还远远没有 4 月上旬至中旬的反弹有力,而且成交量柱状线明显呈现不断下移的态势,这是这段震荡区间最明显的量能特征。而弱势反弹的出现并没能扭转股价的主要下降趋势,因此这波震荡整理仍是次要趋势。次要趋势形成以后总还是要服从主要趋势的波动变化的,所以横向整理走势只是下跌的中继形态,投资人在此时需要留意股价破位的随时出现。

2012 年 6 月 25 日震荡整理平台以一根破位中阴线的出现宣告结束。震荡区间破位中阴线的出现是资金继续"出逃"的标志,而主力资金的"出逃"不是随意的,都是有很强针对性的,因此一旦主力资金有出局的迹象,投资人就应当意识到这是一个持续的过程,应当在此时积极回避。总而言之,正所谓大势所趋,小级别的震荡平衡波动无法抵挡股价持续下跌的走势。

图 3-18 是光电股份(600184)2011 年 12 月到 2012 年 7 月的 K 线走势图。图中显示,光电股份的股价在 2012 年 2 月 24 日反弹至 30.99 元高点后,随着成交量逐渐萎缩现象出现,股价便再也没有能力继续创出新高。一旦股价无力创出新高,并且波动的重心有降低的迹象,就说明上升的主要趋势会就此结束,后期的主要趋势方向会是不断向下。从图 3-18 可以看到,从 2012 年 3 月中旬开始,股价连续收出多根阴线,较为陡峭的阴线使得股价的波动重心明显降低。这种 K 线形态是典型的顶部形态,投资人此时不应再等,应当马上卖掉手中股票。K 线的形态及时告诉投资人顶部的到来,在风险到来之际,我们有必要留在场内吗?顶部的到来就是趋势多转空的开始。

图 3-18

图 3-18 显示，股价经历十多个交易日的下跌以后，2012 年 3 月 29 日收出一根开低走高长下影小阳线，这根小阳线是在触及 2011 年 12 下旬反弹启动的位置后才出现的。由于这根长下影小阳线使得股价下跌走势再一次得到遏制，但量能萎缩至极致，股价随即展开一段横向震荡走势。在这段长连 25 个交易日的窄幅震荡平衡区间内，成交量始终保持萎缩的状态，说明股价的波动没有得到大资金积极推动，没有资金入场，股价便不会出现强有力的上攻。股价在横向震荡时，收出的阳线实体非常小，阴线以小型锤头线为主，说明盘中多头力度严重不足。此时横向震荡的真正意义是空头在聚集能量，以使股价进一步下跌，而多头只能进行无力的挣扎。

在股价波动趋势未明时，投资人是不能入场操作的，虽然有的横向波动过后股价出现上涨的走势，但也有很多股票横向波动过后却出现连续的

暴跌。最好的应对就是在横向波动时在场外观望。图 3-18 显示，股价经
过近 25 个交易日的震荡整理后，2012 年 5 月 25 日向下跳空开低，明确跌
破震荡平台的下沿低点。破位走势的出现意味着股价方向已经明确，此时
应顺势盘中坚决看空，仍在场内的投资人应将停损设置在股价破位处。股
价在跌破震荡平衡区间下沿时，成交量出现放大迹象，说明股价的下跌得
到空头资金配合，股价中继整理的次要趋势结束，其下跌趋势难以改变。
一般来说，由于震荡下降的破位点可以提前预知，所以投资人只需要盯住
前期反弹起点以及震荡平衡整理的低点就可以了。

图 3-19 是鲁商置业（600223）2012 年 4 月到 8 月的日 K 线走势图。
图中显示，鲁商置业的股价在 2012 年 5 月 30 日反弹至 7.19 元高点后，随
着成交量逐渐萎缩现象出现，5 月 30 日这根长上影的小阳线总是伴随着成
交量的巨幅放大，巨大的成交量说明有人在买，那是谁在买，是主力吗？

图 3-19

主力是不会在这么高的位置买入的；不是主力，便是散户投资人。面对股价的连续上涨，最动心的自然是散户投资人。散户投资人在积极买入，那谁又在大肆卖出呢？自然是主力。在巨大的成交量中，主力顺利完成出货。5月30日这根长上影的高位放量小阳线形成以后，股价的顶部也正式完成了。股价在后期波动的走势中，再也没有回到过顶部的位置。

图3-19显示，鲁商置业的股价在6月上旬形成顶部以后，出现持续的下跌走势，股价的波动重心在不断下移；后续走势中出现弱势反弹时，高点都比前期低，并且弱势反弹过后股价还会继续创出新低，这便是主要趋势最明显的技术特征。主要趋势没有改变之前，所有的波动都属于次要趋势，横向震荡也不例外。股价在2012年6月29日连续收出三根反弹上涨十字星，虽然上升趋势非常明显，但股价在上涨时很少收出的阳线都是带长上下影线的十字星，说明资金做多的积极性不很强烈。由于做多力度相对较弱，股价此时上涨角度仍旧是弱势反弹性能。由于股价实际涨幅小，成交量也就无法放大。在图3-19中可以看到，在股价弱势上涨时，成交量始终保持低迷状态，说明没有大量资金入场进行操作；资金没有持续入场，强势上涨就不会形成；而没有做多动力，便不会出现大实体阳线。

7月4日股价收出一根跌幅达5.58%的中阴线，一举将前三日的反弹成果吃掉。股价随即又出现反弹，但反弹角度仍旧非常平缓，这是典型的次要反弹趋势。凡是股价下跌形成弱势反弹的个股，都是市场中技术性超跌的个股，短线操作这类弱势股不可能实现好的收益。从6月末到7月上旬这段窄幅波动整理中，虽然股价在横向窄幅震荡时波动重心并没有出现明显的上升突破或下跌破位特征，但不能把下降的重心扭转为上升，这对趋势的形成不会有任何作用。所以这段平衡震荡区间的出现只是为了后期的下跌可以更有力度地进行。从图 3-19 还可以看到，横向窄幅整理区间出现时，始终都是在下降通道之内，因此这不是短线操作的机会。

横向波动区间的出现，给了空头一次喘息的机会。聚集到足够的做空动能以后，股价便再次展开持续的下跌走势。图 3-19 显示，7 月 16 日出现一根向下破位跌停阴线，彻底打破了近 15 个交易日的震荡平衡波动格局。如果投资人在平衡震荡区间参与了短线操作，资金必然会在后期面临较大的风险。所以应对窄幅横向震荡走势，要着重从大趋势入手，并且一定要在股价向下跌破横向趋势时快速离场。

 市场操作，不要贪心太重，始终以自有资金行动。

图 3-20 是平高电气（600312）2012 年 2 月到 7 月的日 K 线走势图。图中显示，平高电气的股价在 3 月中旬之前经历近 20 个交易日较为明显的上升走势，但上涨时的 K 线实体不是很大，成交量也较为低迷，说明没有任何资金提前入场进行建仓。反弹上涨与反转上涨的最大区别在于 K 线实体和成交量变化。反弹行情资金没有大规模介入，很难出现大实体的阳线。如果股价上涨得不到资金配合，则多是短线性质上涨，这种走势不具备持续上涨能力，一旦有一定上涨空间，股价就会形成顶部。

从图 3-20 可以看到，2012 年 3 月 12 日反弹至 10.35 元高点后，成交量依然处于不温不火的状态，这就会给仍在场内的投资人留下反弹仍将延续的错觉。3 月 13 日股价放量跳空开低后单边下行，全天分时股价线始终处于分时均价线之下运行。这根高位大阴线也是反弹上涨以来第一次出现

图 3-20

的大实体阴线，单日跌幅达 5.22％，成交量呈现近期的天量水准。3 月 13 日巨量大阴线的出现，意味着空头在此区间有足够能力与多方抗衡，就算股价在此区间不产生下跌，也将很难再继续强势上涨。巨量大阴线的出现使得股价未来的变化变得复杂，为了防止意外的风险，投资人应当及时清仓离场。

　　平高电气的股价从 3 月 13 日开始加速放量下跌，由 3 月 10 日最高点 10.12 元到 3 月 30 日的收盘价 8.30 元，短短 13 个交易日大幅下跌了 18％。这种下跌，你还敢提前介入吗？在股价加速下跌时，投资人没有必要盲目猜测股价的底部是在哪里，如果股价跌到了底，必然会有实体较大的阳线或是连续的阳线出现，而阳线的出现说明股价的下跌动能得到一定程度的释放，当做空动能减弱时，就是股价上涨的开始。从图 3-20 可以看到，4 月 5 日股价便出现较大力度的反弹，但成交量依然较为低迷，反弹量能萎缩必然也会形成反向波动，反向波动自然是下跌走势了。股价之所以涨也涨不上去，跌也跌不下来，形成窄幅同步横向震荡的走势，就是因为没有过多的资金在此区间内进行操作，所以成交量往往在股价横向震荡时保持着无量的状态。

在股价中期下跌过程中，为什么会有中继性横向震荡走势出现呢？因为下跌是主力人为打压，目的就是为了跌出未来大的上涨空间，如果一口气跌到底部，必然会给投资人制造买入的低点，从而影响主力大规模建仓。因此每当股价下跌一定空间以后，便会出现一次中继型震荡盘整的走势，这些震荡的出现让投资人误认为底部到来，于是纷纷入场进行抢筹操作，但随后却再度出现大幅下跌。主力在下跌趋势中透过这种中继震荡平台"折磨"散户投资人，当真的底部到来时，散户投资人便不敢再入场了。

下跌中途会出现各种震荡形态，其中横向震荡是最常见的；因为股价只是横向震荡，所以主力维护股价波动花费的成本是最小的。但是由于股价的主要趋势是向下，所以窄幅平衡波动区间的出现不会对底部的形成产生任何作用，它所能发挥的作用就是更加促使股价下跌。从图3-20看到，6月4日股价跳空开低，一举击穿震荡平台的低点支撑，新一轮下跌就此展开。因此在股价重心不断下移时出现的横向震荡走势，往往具有次要趋势的明显特征，对于投资人而言，这时绝对不能入场操作，只有当趋势真正明确以后才可以入场。如果股价向上突破横向则可以买进，如果向下突破中继震荡平台低点，则必须离场回避。

第四章

短线下降

本章要探讨的"短线下降"实际上是指由短线下跌引发的中期趋势改变。股价正常的局部调整已经在前面的章节进行了较为详细的介绍。股价上升趋势的改变，首先是从短线下跌开始的。正是因为股价短线下跌会引发中期运行趋势反转，所以投资人在对股价短线下降进行分析时，除了要对上涨末期的走势格外重视以外，对下跌初期的走势也要仔细分析。只要从新高 K 线、加速 K 线、前期反压 K 线和高位巨量 K 线的提示中发现做空操作的信号，投资人就要积极进行减仓操作。因为短线做空不仅能规避风险，而且能降低资金的周期性利用成本。降低资金的周期性利用成本也是为了进一步提升资金操作的含金量。

短线下降的概念

一般来说，股价在中期波动的过程中分为三个区间：上升获利区间、震荡盘整区间和下降风险区间。其中上升获利区间和震荡盘整区间很难或无法给投资人带来较好的获利机会，但也不会给投资人带来重大的资金风险。而下降风险区间就不一样了，如果投资人没有回避下降风险区间，资金必然会出现较为严重的亏损。所以对下降风险区间以及一切短线下跌引发的中期运行趋势改变走势进行深入的研究，是保证资金安全最重要的一课。

本章将详细讲解股价在短线下降过程中经常见到的四种高危险走势。这四种短线高危险走势对应的便是中期下降的风险区间，也就是中期下降趋势的开始阶段，所以投资人必须学会如何有效规避风险。

虽然重要，但投资人却往往忽略掉这个环节。因为比起能够给投资人带来丰厚收益的上涨获利区间，下跌风险区间带给投资人的只有痛苦和无奈。

令人喜悦的事情总是能够勾起人们美好的回忆或者憧憬，而令人心痛的事情人们总是不经意地回避，不愿意去想。但我们既然生存在这个市场，就不能不面对现实。行情有涨自然就会有落，再美好的东西也有逝去的一刻。下跌的风险始终还是要出现的。怎样在下跌的区间规避风险可能在某种程度上比起上涨时如何获利对于我们投资结果的最终影响程度会更大。有太多投资人都有这样的经历：赚钱的筹码没有及时抛掉，最终却给

　　自己带来亏损，甚至是严重的亏损。本金亏掉了，后面的机会便也无从把握，真是一步错步步错。

　　要想练好武功，就得先从挨打开始练起；想在股市中获利，就不能光想着上涨、光想着赚钱，还是先学会如何发现风险、如何躲避风险、如何保住本金吧。

新 高 卖 出

1. 原理综述

　　股价在探明阶段性底部之后出现成交量温和放大的迹象，但如果成交量虽有放大，但整体的放大状态并不明显，说明入场的资金数量有限，成交量放大并不是主流的大资金所为或主力没有马上快速拉升的意愿。与温和放量对应着的股价的拉升力度也必定是有限的，所以当股价有了一定的短线上涨空间，投资人就一定要仔细对成交量的变化进行分析，以便第一时间确定后期走势的运行方向。经过短线的缓步盘升之后，主力的资金已经实现了短线较大的获利，在这种情况下，一旦成交量放大，主力便会快速进行出货操作。

　　在主力出货时，会出现什么样的走势呢？主力想要顺利进行出货操作，就必须吸引更多的买盘入场，而在高位区间吸引投资人最好的办法无疑就是推动股价形成连续创出新高点的走势。但是当股价收出最后一根大阳线时，成交量却出现急剧放大的迹象，量能急剧放大，说明主力的资金在盘中进行大力度出货，而如果主力的资金不进行积极交易，成交量又怎么可能放大？在高位区间不断创出新高是一种主力诱多行为，一旦主力达到目的，股价便停止持续上涨的走势，虽然后期仍会有短线的技术性反弹出现，但是新高走势形成以后的上涨，都是资金为了出货而进行的诱多走势。在主力顺利完成出货操作以后，一轮短线暴跌走势便随之出现了。

新高诱多走势的成交量变化也是一个放大、萎缩和再放大的过程。股价进入高位区间后，虽然新高不断，但随着主力出货不断延续，愿意入场的投资人变得越来越少，在这种情况下，成交量会因为买盘减少而变得低迷。盘面的这种变化会对主力的出货操作产生较大的抑制作用，使其不能顺利出货，那此时主力应当如何做呢？此时买盘会在顶部减少，这是因为投资人看到股价进入相对高位区间后，对后期走势持谨慎的态度，导致参与性降低。在这种情况下，主力是不能够继续打压股价的，因为股价转弱后场外投资人会进一步降低参与率，因此主力只有将股价再次拉起来并创出新高点，才可以有效调动场外投资人的参与热情。准确研判新高诱多形态的出现，除了要紧紧把握高位量能变化这一基本指标外，还可以从盘中分时走势中及时发现其蛛丝马迹。

当某日股价创出新高时，伴随量能放大，分时及时盘的分时股价线离分时均价线的距离非常远，而由于分时均价线代表场内主力平均持仓成本，所以此时可以说主力已经在盘中顺利完成获利。当主力投入的资金已经产生利润，并吸引来大量买盘时，其最想做的就是及时出货。所以当投资人在及时盘发现分时股价线距离分时均价线过远时，一定要做好出局的准备工作。当两者间的距离达到盘中最大，同时分时股价线快速向下掉头

时，就意味着盘中最高卖点形成，只要在此时卖出，待后期下跌后大家就会发现，卖点便是当天的最高点区间。

2. 经典案例

图 4-1 是深物业（000011）2012 年 1 月到 8 月的日 K 线走势图，图中显示，深物业的股价 2012 年 1 月 6 日探出中期低点 5.32 元以后，在成交量温和放大的推动下，展开一轮连续上涨走势。在股价上涨到高位以后，主力开始积极进行出货操作。在第一轮的顶部，K 线的变化呈现明显的加速上涨迹象；2 月 27 日出现第二个涨停阳线后，股价的上升势头再现衰退迹象。2 月下旬至 3 月中旬，股价在高位形成明显的圆弧顶，并且随着主力出货的延续，股价也随之出现连续下跌走势。

从图 4-1 可以看到，股价在 3 月上旬第一次形成顶部，虽然 2 月 27

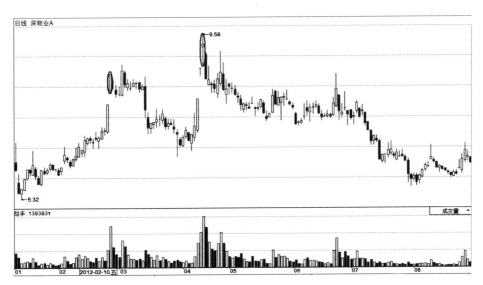

图 4-1

日形成涨停巨量阳线，但后续成交量变得越来越小，量能不断萎缩，说明主力在盘中出货的难度变得越来越大。没有投资人大量介入，主力怎么可能将手中巨量的筹码抛售离场呢？经过一段时间的震荡下跌过程，主力只得继续向上拉高股价，进行诱多操作。从图 4-1 可以看到，随着股价再一次抬头向上拓展空间，成交量开始逐渐放大，说明只要股价上涨，便会有场外投资人跟风买入，主力也只有继续拉抬股价才能够吸引场外投资人的买盘。

图 4-1 显示，股价在 4 月 12 日、4 月 13 日连续出现两根放量涨停阳线后，股价在第三个交易日 4 月 16 日开高走高并封住涨停，创出 9.58 元新高，成交量也出现急剧放大，并且量能创下了近期新高。从 4 月 16 日分时盘可以看到，股价在临近收盘时，盘中涨停格局被巨量卖盘打开，这种价量盘中突变形态向投资人反映的是主力的资金再度开始出货的操作。那些认为涨停板出现上涨会延续的投资人全部被套在场中。仅从 K 线形态来看，连续放量涨停板出现以后股价的确有较明显的上涨延续信号。然而一旦结合成交量的变化进行分析便可以得知，主力就是利用投资人这种情况下的心态进行反向操作，从而达到出货的目的。

图 4-2 是宝安地产（000040）2011 年 12 月到 2012 年 8 月的日 K 线走势图，图中显示，宝安地产的股价在 2012 年 1 月 5 日下跌到了中期低点 3.21 元以后，便在成交量温和放大的推动下出现持续性的上涨行情。在股价上涨过程中，成交量始终保持温和的波动状态，虽然有调整阴线出现，但是在阴线出现时，成交量不但没有放大，反而出现萎缩的迹象，说明在上涨的过程中，主力并没有出货。只要主力没有出货，股价的波动便是安全的。

图 4-2 显示，股价经过持续上涨，在成交量继续放大的情况下，在 2 月 24 日首次出现一根开低走高巨量涨停阳线，但在次日便收出一根开高走低带长上影线重头线，股价短线见顶迹象极其明显，并且成交量也首次创下了阶段性的最大量。这根带长上影线重头线引发的后续运行方向问题却随之而来。虽然成交量出现明显放大，股价为什么继续 2 月 24 日的强劲走势呢？股价没有继续收出实体较大的阳线，而是出现冲高拉回的走势，这种走势表明主力在出货，而如果主力资金真的有意做多股价，股价怎么可能会拉回？因此在成交量放大，股价冲高拉回时，主力的出货行为也就非常明显了。在股价冲高拉回以后，成交量在后期快速出现萎缩迹象。量能的快速萎缩使得主力根本没有办法连续出货，在这种情况下，主力必须再发动一波行情，以稳定场内人气和调动场外积极性。

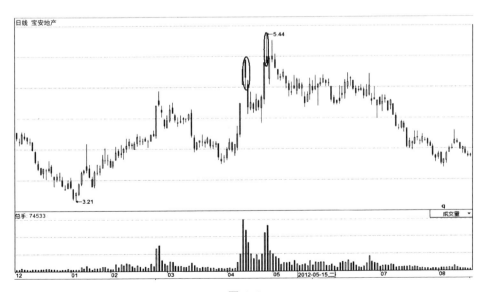

图 4-2

从图 4-2 可以看到，股价在 4 月上旬回档到位后，成交量再次逐级放大，4 月 12 日再次出现"一阳吞多阴"涨停阳线，这根阳线彻底扭转了下跌的颓势。紧接着，4 月 13 日再次开高走高封死涨停板，成交量放出阶段性天量，股价未来趋势一片大好。股价在 4 月 16 日开高后，随即掉头向下，尾盘以一根带长下影重头阴线作收，主力前期奋力拉高股价的诱多行为暴露无遗，股价随后出现多日的快速拉回走势。但在成交量萎缩的情况下，主力故伎重施，越是向下打压股票，便越是会吓出更多的卖盘，场外资金更是不敢轻易入场抢反弹。主力只有再次拉抬股价才可以稳住场内卖盘，同时将场外的资金吸引进来。于是在调整到位以后，股价便再度开始持续性的上涨走势。

4 月 25 日股价开低后便一路向上，并且伴随着股价不断上涨，成交量再次变得放大。在股价上涨到最高点时，成交量也再度创下盘中的最大量。借助盘中的放量诱多上涨，主力又成功地将手中的剩余筹码顺势抛出。从图 4-2 可以看到，4 月 26 日主力继续推动股价开高走高，创下 5.44 元中期高点。从 4 月 26 日的分时盘可以看到，新高的走势只维持两分钟便出现拉回的走势。在分时股价线拉回的过程中，均价线也以很快的速度形成下降的趋势，这种走势向投资人提示的讯息是资金并没有在盘中的高点处进行做多操作，而是在进行做空操作，否则股价怎么可能会出现拉回的走势呢？一旦股价在盘中急速放量拉回，投资人一定要坚决进行做空操作，主力诱多结束后的弱势反弹参与的价值是微乎其微的。

图 4-3 是深圳华强（000062）2012 年 7 月到 12 月的日 K 线走势图。图中显示，深圳华强的股价在 7 月 31 日探出 5.19 元低点后，便出现一

图 4-3

轮连续的反弹上涨行情。在股价形成上升趋势，并且直到成交量放大现象出现前，投资人都应当坚决地进行持股操作。但是股价在上涨的过程中，投资人到底要持股到什么时候，有没有方法可以提供更多的参考呢？一般来说，在中期下降趋势中，由于资金的介入数量非常有限，很多个股都会形成级别不同的缩量反弹走势。依笔者的经验，在大的下降趋势中，操作缩量反弹的股票是最轻松省事的了，因为在没有放量时股价上涨，介入其中的主流资金将没有任何出货的机会，因此股价波动的安全性非常高。从图 4-3 可以看到，股价从 8 月上旬到 10 中旬这段震荡反弹中，成交量没有出现放大，而是依然保持低迷状态，这种上涨形态就是无量反弹。只要成交量始终没有放大，便证明介入其中的资金没有机会进行出货，因此投资人便可以放心大胆地进行做多操作。

　　图4-3显示，股价在10月23日出现一根跳空上涨大阳线，并且开盘不久，便封于涨停板，量能也放出阶段性巨量，这看似是又一波快速拉升来临了，可是第二天股价直接开低后收出中阴线，随后几个交易日股价持续走弱。从图4-3可以看到，在巨量涨停阳线随后的几个交易日里，虽然成交量呈现放大的迹象，但是累计量能并不是十分大，说明主力在此时的出货效果不是太好。虽然出货效果不太好，但由于反弹顶部已经形成，主力还是必须不断地进行出货操作。

　　但随着各方参与力度减弱，股价的弱势特征变得越来越明显，同时成交量也由于投资人的离去而变得越来越萎缩。K线的形态主力可以控制，但量能的放大还需要散户投资人入场配合。那如何吸引散户投资人入场操作呢？如果没有行情，任何人的积极性也难以调动起来，投资人只会对形成上升趋势的个股感兴趣，而对一支走弱的个股是不会有任何操作兴趣的。因此主力想要进行出货就必须让股价形成上升趋势，只有这样才可以顺利完成出货的操作。虽然股价后期出现上涨的走势，但是由于上涨实质上是庄家的资金在进行出货，因此后期出现的反弹上涨其实质仍旧是主力的诱多出货行为。

　　从图4-3可以看到，11月2日股价再次出现跳空开高并创出阶段性高点7.10元。从图4-3分时盘可以发现，11月2日分时股价线开高并急速上升创出高点后，分时股价线便一路下行，日K线图上留下一根带长上影线的阳十字线。高位长上影线不仅可以用于在强势市场中进行分析，对于弱势行情的波动同样适用。股价经过连续上涨以后，在高位出现一根很长的上影线，长上影线出现以后股价便在后期展开震荡走势，结束了原先单一的上涨方式。长上影线说明上方卖压很沉重，如果多方力度依然强

大，股价很难形成盘中大幅拉回的走势，这就是长影线出现时股价下跌或是调整的主要原因之一。同时 11 月 2 日的成交量呈现放量迹象，说明有大量的投资人纷纷入场进行操作，导致成交量急剧放大。在巨量买盘不断入场进行建仓操作时，主力却借机顺利完成了出货操作，由此可见，如果投资人仅就 K 线形态进行分析，而不对成交量的变化进行分析，就会错过高位出局的最后机会。

图 4-4 是 TCL 集团（000100）2011 年 12 月到 2012 年 9 月的日 K 线走势图。图中显示，TCL 集团的股价在上涨之前出现一轮大幅的下跌走势，而股价的跌幅越大，也就意味着后期的涨幅越大。2011 年 12 月 22 日股价下探至 1.71 元之后，成交量呈现连续放大的迹象，股价站稳回升，说明盘中的买盘数量远大于卖盘数量。是谁敢在股价下跌时不断买入股票？

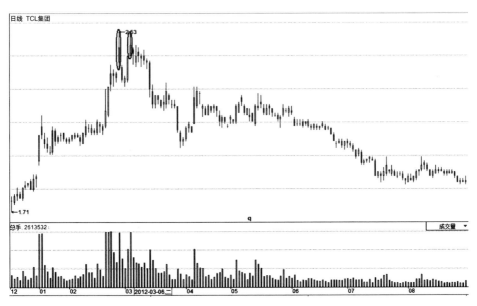

图 4-4

散户投资人绝对不敢，敢于在股价下跌末期不断建仓的只有先知先觉的资金。

主力的资金在底部建仓就是为了有更多时间可以在多头时做多，所以这些个股必然会形成后期行情中的主流个股，因此紧盯主流个股是取得持续性获利的主要方法。股价经历一段温和上升后，2012年1月10日收出一根跳空放量涨停阳线，这根大阳线对后期股价有极强的支撑作用，股价也由此形成一轮持续性上涨的走势。在第二波上涨过程中，成交量始终保持温和状态，没有出现任何异常的量价配合，这对投资人而言便可以在盘中不断进行做多操作了。

从图4-4可以看到，当股价上涨至高位以后，2012年2月28日收出一根跳空开高但盘中拉回的大阴线，并且在股价开高拉回时，成交量出现明显的放大迹象，这说明在这一天有主力的主流资金在盘中进行大规模的出货操作。在资金大规模离场时，投资人一定要意识到股价运行趋势遇到较大的阻力。一般来说，当股价形成第一个顶部收盘高点2.53元以后，面对后期股价的波动，投资人一定要把第一个顶部的大阴线区间作为参考，如果股价始终无法突破大阴线区间，就不能入场进行操作，因为大阴线的区间是主力资金在盘中出货的区间。

但是从图4-4可以发现，后续量价的配合却出现较大变化，不管成交量是放大还是维持原来上涨时的量能状态，股价都无法再形成持续性的上涨行情了，这种走势就是高位滞涨走势。在高位形成这种量价的变化，便意味着顶部的到来。股价的后续走势也是这样：随着主力不断出货，股价的波动重心也随之降低。由于股价的顶部已经初步形成，并且下跌走势随之出现，投资人必然不敢贸然入场进行操作，此时主力应当如何继续进行

出货操作呢？

图 4-4 显示，股价在 3 月初期的顶部区间震荡过程中，成交量变得越来越小，说明主力在盘中出货的难度开始变得越来越大，主力在出不掉货的情况下，就必须再度发动股价的上涨行情以吸引更多投资人跟风买盘介入操作。于是当股价连续三个交易日短线下跌以后，连续的阳线再度出现。当 3 月 5 日股价创下收盘新高 2.47 元时，成交量再次形成巨幅放大的迹象，主力借助股价上涨形成的人气顺利完成出货操作。

如果只对 K 线形态进行分析，必然会有很多投资人在股价突破时操作，但是如果此时参考一下当日的分时图中成交量变化的提示，后期下跌的风险就可以彻底回避了。在股价创下新高时，分时股价线持续出现拉回走势。随着分时股价线的快速下滑，成交量也呈现出逐渐放大迹象。分时线冲高是缩量状态，而快速拉回则呈现巨量状态，这种分时量价背离盘态向投资人提示了诱多卖点的到来；而一旦盘面形态形成诱多卖点，投资人就必须及时抛出手中所持的筹码，以提前回避风险。

图 4-5 是华东科技（000727）2011 年 12 月到 2012 年 7 月的日 K 线走势图。图中显示，华东科技的股价在 2012 年 1 月 6 日探出 4.78 元中期低点后，便在成交量放大的情况下展开连续的上涨走势，一旦股价扭转了下降的趋势，投资人一定要及时入场进行操作。在股价探出中期低点后，形成突破性 K 线走势时，就是上升趋势到来时第一个买点。但是从图 4-5 可以看到，由于股价初期的上涨速度比较快，所以能够在低位买入的投资人并不多。当股价多个交易日短线上涨一定幅度以后，主力便开始进行打压震仓的操作了。随着股价波动重心不断下移，股价在离中期低点不远的位置形成一个短线头部，这个头部可以帮助投资人决定突破买点的所在。

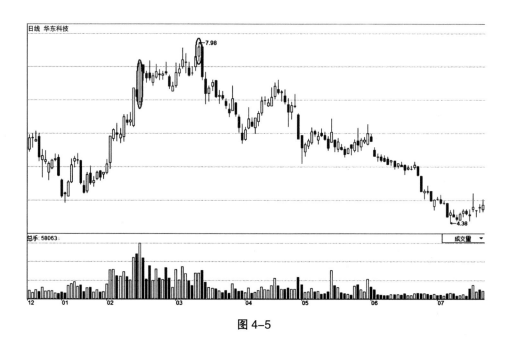

图 4-5

股价形成短线调整的走势，虽然受到压力，但是并没有出现真正意义上的下跌，这种走势说明主力的资金正在暗中维持着股价。

短线的下跌不是因为股价受到压力，而是主力人为做出的潜伏迹象，其目的就是给投资人造成一种滞涨的错觉。股价经多日调整后便出现恢复性上涨走势，当到达前期短线头部区间时，股价于 2 月 2 日收出一根突破性涨停阳线。突破性阳线的出现及时向投资人发出买入的信号，而低位突破买点与成交量放大形成买点的共震，所以股价上涨的机率就更高了。股价在低位买入信号出现以后，展开一轮连续的上涨走势，在较短的时间内便为投资人带来了较大的收益。

从图 4-5 可以看到，华东科技第二轮行情上涨力度之所以大于第一轮行情上涨的力度，就是因为 2 月 2 日突破性阳线使 K 线实体形成"一阳

吞多阴"的良好态势，在第二轮上涨行情展开时，明显长于第一轮股价上涨时的 K 线实体。而 K 线实体越来越长，则说明股价上涨力度越来越大。因此透过 K 线实体长短的变化来辅助判断买点形成以后股价后期上涨的力度是非常有效的方法。也就是说只有买点形成时柱体长的个股才会给投资人带来最高的收益。当股价有了较大涨幅以后，主力便开始积极进行出货操作。

2 月 15 日股价收出一根高位涨停阳线之后，盘中主力借助股价上冲形成的人气坚决抛出手中的股票，因此股价在这根高位大阳线之后便立刻出现一连串带长上影线且实体较小的 K 线。同时在股价高位震荡时，成交量也呈现出不规则放大的迹象，量价的配合向投资人发出主力正在震荡出货的信号。高点形成以后，因为盘中的卖盘数量比较多，因此股价出现了拉回的走势；而在股价拉回时，成交量迅速萎缩，这种量能状态意味着主力在这个区间之内很难再度顺利进行出货操作了。

图 4-5 显示，在 2 月中旬到 3 月中旬这段震荡区间内，阳线数量仍旧多于阴线数量，并且阴线和阳线的实体都较小，这说明主力仍是可以控制股价波动的。一旦在目前区间无法顺利出货，那么主力便会再次发动一轮上涨行情，在新的高点处卖出手中的股票。一般来说，股价真实的上涨必然会得到成交量的支持与配合，K 线实体也较大。但是如果股价的上涨性质是为了配合主力资金的离场，则不会得到成交量的支持与配合，因为上涨性质的改变和量能变化必然不会配合股价上涨而形成上升趋势。虽然华东科技的股价在 3 月 13 日创出一个高点 7.98 元，但是量能逐级萎缩却在提示投资人股价的上涨已经形成较大风险。股价短线上冲并创出的新高是因为主力知道只有让股价再次形成上升趋势，投资人才会有买入的兴趣；

那些只注重股价上涨而不对成交量进行仔细分析的投资人，再一次误入主力设下的陷阱。

图4-6是宁波联合（600051）2011年3月到9月的日K线走势图。图中显示，宁波联合的股价下跌到底部以后，出现反弹上涨的走势，并且在上涨的过程中，成交量始终没有出现急剧放量的迹象。在成交量不断温和放大，股价不断持续性上涨时，投资人切不可过早地卖出手中的股票；在主力出货前抛出手中的股票，只会错失获利的机会。股价经过连续上涨，4月上旬进入高位以后，主力便展开出货操作。而一旦主力开始进行出货操作，就必然会在K线图上留下非常明确的标志。首先，主力出货时会造成成交量放大，因为主力巨量的持股数量只要进行积极的卖出操作，成交量就会明显放大；其次，主力在进行出货操作时，还会造成股价上涨力度减弱；另外，在滞涨震荡区间内的K线实体也不会

图 4-6

太大。

从图4-6可以看到，自4月6日收出一根涨停阳线股价进入震荡走势之后，便再也没有能力延续前期的上涨角度了。在卖盘不断出局的情况下，股价又怎么可能会展开强势的上涨行情呢？虽然这段震荡区间内，阳线实体远多于阴线实体，且股价仍旧呈现弱势波走高的态势，并于5月12日收出一个17.98元的高点，但是从成交量的变化可以得知，此时向上突破属于是短线资金出货的信号。

从图4-6可以看到，宁波联合的股价在4月上旬到5月中旬虽处于震荡滞涨状态，但整体上仍旧是向上盘升，这一区间内量能呈现不规则放大迹象，说明主力在实现丰厚的收益之后，在高位进行出货操作是必然的走势。虽然股价突破了震荡平台，但阳线实体较少且形成多个长上影高点，高点突破上涨的力度极其有限。随着第一个顶部高点17.98元的形成，主力开始新一轮大力度的出货。但是随着股价的快速拉回，成交量变得越来越少，在如此小的量能之中，主力怎么可能卖出手中持有的巨量股票呢？因此为了完成出货操作，主力只能配合大盘指数的同步上涨将股价推高上去。

从图4-6可以看到，6月上旬至7月上旬，股价又形成了一段中继性震荡区间，投资人有什么方法可以准确判断股价这段高位震荡的性质呢？如果投资人透过K线形态的变化无法对股价的波动形态准确定性，就需要借助成交量前后震荡对比变化进行辅助分析。股价在4月上旬到5月中旬是不规则放量状况，总体上量能并没有缩小，处于放量滞涨状态，因此堆积的量能仍旧使股价创出一个高点。而6月上旬至7月上旬这段震荡区间内是缩量，并且在震荡末期股价出现缩量涨停拉高现象。7月7日再次创出新高 18.00 元时，成交量却在新高前后位置堆积放大，说明投资人对当前上涨的认可程度相当高。在主力获利后，投资人大规模入场，这就是主力最好的出货时机。借助高位的堆量现象，主力成功地在新高点抛掉手中的剩余筹码。

利用高位缩量震荡到缩量拉升，最后以"新高诱多"方式进行出货，可以帮助主力在较高的价位卖出手中的股票。在高位诱多上涨过程中，由于大阳线或涨停板总是会不断出现，因此这种走势将会对场外投资人形成极大吸引作用。什么时候投资人无所顾忌地敢于入场操作，那么"诱多新高"的顶部就会正式成立了。一般来说，新高处的诱多卖点的技术形态很容易确认，只要在高位区间股价再次形成上涨走势，但是前期和后期量能出现不规则放大现象，特别是高位的缩量快拉高动作，基本上就是诱多卖点到来的信号。一旦创出新高，股价上涨结束以后往往会在后期展开较大幅度下跌走势。因此这种研判新高卖点的方法，完全可以帮助投资人在下跌之前就判断出股价波动的风险所在。

图 4-7 是四川圣达（000835）2011 年 12 月到 2012 年 7 月的日 K 线走势图。图中显示，四川圣达的股价在 2012 年 1 月 6 日探出中期低点 4.73 元之后，虽然这只是一根带长下影线的阳十字线，但股价站稳迹象极其明显。1 月 9 日开盘以后，股价并没有立即形成明确的强势特征。在分时盘可以发现，股价开低后，成交量始终没有出现放大的迹象，并且分时均价线也没有对分时股价线的调整有强大的支撑作用。在这种情况下，投资人是不能马上进场操作的，因为在此时谁也无法得知股价后期是否会形成上涨走势。股价开盘一个小时以后，成交量出现明显的放大迹象，说明此时有资金开始在盘中进行积极操作。只要大量资金介入场中，股价必然

图 4-7

就会有机会出现强势的上涨行情。1 月 9 日最终以一根涨停阳线作收，成交量大幅放大，股价也随之出现一轮持续性的上涨行情。在上升趋势明确形成时，投资人所能做的就是及时入场，并耐心地持有手中的股票。只要主力没有出货，那么股价的上涨便会不断延续。

从图 4-7 可以看到，四川圣达的股价从 1 月 9 日开始连续三天出现涨停现象。这种快速上涨属于短线连续上涨累积的过程。在上涨的过程中花费的时间越少，做多的动能释放越快，调整的次数或级别也会随之而来。1 月中旬至 2 月上旬出现一段上升震荡区间，虽然调整使得股价出现暂时的拉回，但是借由对调整走势进行分析，投资人却可以轻松判断未来的行情是否还可以继续上涨。在股价上涨的过程中，短期调整与窄幅区间震荡走势经常出现，说明盘中做空的力度非常虚弱。而空头力度弱，便意味着多头力度强大，所以当这种性质的调整出现时，投资人应当耐心地在场内做多。从图 4-7 还可以发现，1 月中旬至 2 月上旬的窄幅震荡区间内，成交量始终保持萎缩的状态，这说明盘中的资金持股心态非常稳定，没有因为股价短暂的拉回而进行做空的操作，因此股价整体上仍旧平稳运行。

2012 年 2 月 8 日再次收出一根开低走高突破性涨停阳线，成交量也温和放大。2 月 9 日股价开高走高，盘中出现涨停现象，创出阶段性高点 7.58 元，尾盘仍旧以一根中阳线作收，成交量放出阶段性巨量。股价于 2 月中旬至 3 月上旬再次出现一段窄幅整理区间。与前期的上升震荡相比，股价在这一震荡区间内，连续的大阳线消失了，取而代之的是不断出现的带有长上下影线的放量 K 线。原来强势的震荡在此时缩小了上下震荡的幅度，但不断放量却无法推动股价以更快地速度上涨。只有卖盘不断出现时，股价才会停止原有的强势震荡脚步。因此股价在高位如此震荡，只能说明主力开始进行出货操作了；这段窄幅整理区间内反复出现的上下影线，是主力出货时制造出来的巨大波动。透过高位区域的 K 线变化，分析资金的流动方向，投资人才可以准确把握股价趋势的转折变化。

从图 4-7 可发现，股价在 2 月中旬至 3 月上旬这段高位震荡区间内，成交量始终呈现不规则的放大或萎缩状态，这种量能形态对于企图出货的主力来讲是非常难受的，因为主力巨量的仓位必须在一个持续的放量状态下才能卖掉。股价每涨高一分，成交量就会放大一些。在窄幅震荡区间无法实现全部出货，那么主力只能再次拉高股价，发动诱多上涨行情，以吸引投资人入场操作。于是震荡结束以后，股价于 3 月 13 日再一次收出了一根放量的大阳线，其盘中高点 8.13 元是涨停板的位置。随着巨量阳线与新高走势的形成，投资人的买入热情再一次高

涨。却不料，虽然股价的上涨形成了，但是上涨的性质却是主力资金的出逃。一旦"涨停诱多"走势吸引来大量买盘，便是主力再一次出货操作的开始。因此准确研判"诱多新高"和"突破新高"，可以识别出场内资金做多做空的力度；只要空头力度大于多头，"诱多新高"卖点必然会形成。

短线的概念

1. 原理综述

　　股价见底以后，在初期上涨过程中，成交量始终保持温和放大状态，量能显得非常稳定，而稳定的量能必然会促使股价稳步上升。在成交量没有任何异常的情况下，投资人一定要在场中坚定地持有股票。经过一次短线震荡调整之后，收出一根实体非常大的阳线，这根大阳线一举创下盘中新高，使得上升趋势又一次变得明显了。在主升浪形成时，股价每天都是涨停板或大阳线，这种走势说明主力在盘中做多的态度异常坚决。如果没有主力的强力运作，股价怎么可能会形成如此强劲的上涨走势呢？新高的不断出现会吸引很多投资人入场操作，因为按照正常的分析角度，股价突破调整区间的高点就是短线介入位。

　　在股价形成突破时，连续的大阳线接二连三出现，成交量随之急剧放大，特别是某一日创出最高价和上涨以来的最大量，但是这根大实体阳线真的值得操作吗？由于股价已经进入高位区间，因此这一天的新高巨量表明主力资金在出货。投资人喜欢股价形成突破，也喜欢收出大实体的阳线。为了达到出货的目的，投资人喜欢什么样的走势，主力就会人为制造什么样的走势，这样才可以吸引来更多买盘，主力也才可以在很短的时间内抛光手中的股票。

相对于加速上涨的是匀速上涨，而安全的匀速上涨必然有一个较长的延续时间，并且可以给投资人留下足够的买入机会。在上涨的过程中，成交量不断温和放大，并且上涨趋势也非常明显，这种上涨走势对于投资人而言才是安全的。危险的加速上涨往往上涨的速度极快，在短短的几个交易日便可以出现较大的涨幅，上升的角度和速度是陡峭和罕见的，这种快速的上涨不会给投资人留下任何低位介入的机会。快速的上涨是主力为了吸引投资人买盘而人为做出的，这种急速上涨走势往往对应成交量急速放大。在所有的操作手法中，高位加速上涨出货方法最为隐秘。一般来讲，当某支个股形成连续的涨停和大阳线走势时，必然会吸引大量投资人介入其中进行操作，于是巨量的买盘就为主力出货提供了极好的机会。那么主力是如何利用加速大阳线的出现在盘中进行出货操作的呢？下面就对此进行详细的案例讲解。

2. 经典案例

图 4-8 是红豆股份（600400）2012 年 2 月到 7 月的日 K 线走势图。图中显示，红豆股份的股价在 2012 年 3 月 30 日下探到 3.89 元后站稳，股价次日开盘以后出现快速上冲的走势。4 月 6 日分时盘显示，分时股价线上涨，上涨角度非常陡峭，短短几分钟股价就被拉至涨停位置，属于无量涨停状态。这种上涨走势绝对不是散户投资人的买盘能推动起来的，而必

图 4-8

然是主力所为。主力利用这种方式推动股价上涨的目的是吸引投资人的买盘，有哪位投资人对这种快速的上涨走势会不心动呢？只要投资人经不起诱惑，必然会冲入场中；又有几个人能经受住短短几分钟上涨近 10% 的诱惑呢？在快速封涨停的上涨过程中，主力没有给投资人留下任何逢低买入的机会，想要买入红豆股份的仓位只能进行追涨。其实主力不给投资人低位买入的机会，就是为了让投资人在高位买进。高位买进的人多了，主力的出货操作自然就可以顺利进行。上涨就是为了能在高位出货，否则没有人会拉抬股价。同理，下跌也是为了另一次上涨积蓄动能，涨和跌是辩证统一的。

　　从图 4-8 可以发现，4 月 9 日红豆股份开盘便形成大幅跳空高开的走势。股价大幅度跳空高开，必然在开盘时对很多投资人产生吸引作用，因为这种开盘的方式往往就是股价再次出现涨停板的信号。从当日分时盘可以发现，红豆股份的股价高开以后并没有急于上涨，而是略做下探以后才形成涨停的走势，成交量也较前一交易日大幅放大。盘中主力利用下探给投资人造成一种有机可乘的感觉，同时再快速拉抬股价便可以吸引来更多场外投资人的资金，并且还会让场内投资人对未来股价开盘后下探的走势掉以轻心。股价在 4 月 9 日仍旧是经过短时间上冲便快速封至了涨停板处，场外投资人一看股价再次形成涨停的走势，必然会更加关注该股的后期走势，后市只要有机会，其必然会积极入场进行建仓操作。

2012 年 4 月中旬至下旬，股价在 4 月 9 日涨停大阳线上方形成一段震荡整理平台，且震荡区间内多以小阳线为主，量能也呈现堆积放大迹象，似乎一切处于较理想的状态。但对于这种盘面现象要理性研判，因为当震荡区间内的量能不断放大时，股价没有随之延续前期大力度上涨的趋势，而是出现大量的带长上下影线的 K 线实体，说明资金在此区间内出现分歧，前期踏空的散户投资人积极入场，因此会在这段震荡区间内聚集起数量异常巨大的买盘。这些买盘对于主力出货来说是最好的"物件"，因此震荡区间内每日盘中振幅增大，更多的资金开始在盘中做空。

判断对错并不重要，重要的在于
正确时获取了多大利润、错误时亏损了多少。

　　图 4-9 分时盘面显示，窄幅震荡维持了 10 个交易日后，4 月 24 日在成交量进一步放大的推动下，红豆股份的股价出现一波低开后快速上涨走势，此时分时线上涨的角度明显放大。股价低开给很多投资人留下逢低介入的机会。对于那些仍然没有买入的短线投资人来说，此时的加速上冲对他们将形成强烈的吸引，有谁不想买入一支呈现快速上涨走势的股票呢？股价如预料的那样尾盘巨量封在涨停的地方。4 月 25 日股价上涨的套路重演，开低后，在巨量的推动下创出新高 6 元，成交量再一次在新高密集放大，说明主力利用加速上涨后的新高点再一次吸引了投资人以后，又继续进行出货操作，因此才会在途中留下那堆密集放大的成交量。如果投资人在股价加速上涨时只对股价进行分析，而不对成交量的变化进行分析，又

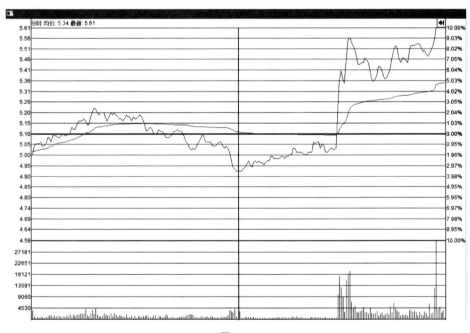

图 4-9

怎么可能会提前判断风险的所在，并在后期的高点处及时回避风险呢？由此可见加速巨量上涨走势带来的后果是多么可怕。

　　图4-10是抚顺特钢（600399）2012年7月到12月的日K线走势图。图中显示，抚顺特钢的股价在2012年7月17日收出4.05元中期低点后，股价初步站稳回升。7月18日股价开低走高出现一根低位涨停阳线。这根突破性阳线的出现，显示股价颓势发生反转。由于前期属于单边下跌，且底部堆积一定的成交量，意味着当前盘中所有的投资人都处于获利状态。在这种情况下，主力有必要进行洗盘的操作，把降低成本的获利盘清理出来。从图4-10可以看到，股价在7月下旬至9月上旬这段低位震荡调整的过程中，始终受到7月18日这根大阳线开盘价的有效支撑，并且在调整过程中成交量同步出现明显的萎缩迹象，这说明在调整区间内，主力没

图4-10

有进行大力度出货操作，此时卖出的只是散户投资人的卖盘。

图4-10显示，抚顺特钢的股价在9月上旬调整到位以后，在成交量放大的推动下，展开了一轮上涨的行情。而成交量的放大说明有资金在此时进行积极的建仓操作；只要主力的资金开始建仓，股价后期的连续上涨机率就会极高。9月11日股价出现一根跳空涨停阳线，这根放量阳线一举突破了震荡跨度达一个半月的平台，在日K线图上留下了快速上冲走势。但是由于前期宽幅震荡过程中许多投资人出现被套的现象，因此他们纷纷在上涨过程中进行卖出的操作，于是这次突破上涨走势被次日卖盘无情打落下来，在9月12日仅收出一根带上下影线的小阳线，这就使得未来的走势又变得扑朔迷离。但盘中主力一旦决心做多，是不会轻易改变操作计划的，因此虽然9月12日股价无功而返，但是第二天依然可以继续发起向上攻击。于是股价在9月13日再次出现快速上涨，并且这一天的收盘形成涨停大阳线。

从图4-11分时盘可以发现，9月13日这根涨停大阳线的出现吞没了前日冲高拉回的全部上影线。这种加速上涨走势不仅意味着空头根本无法影响当前的上涨，还意味着多方依然占据绝对的主动。但是当股价经过连续的上涨达到涨停板位置时，情况却出现变化：虽然股价封住涨停板，但是成交量却在此时呈现明显的巨幅放大迹象。为什么股价连续在加速涨停的位置出现堆积现象呢？说明在涨停板的位置，主力开始大规模进行出货操作。股价短线强劲的上涨幅度吸引大量场外投资人注意。谁会不对一直不断加速上涨并且形成涨停的个股进行操作呢？但是主力就是利用投资人这种情况下的心态，顺利借助连续涨停板的掩护完成大量的出货操作。

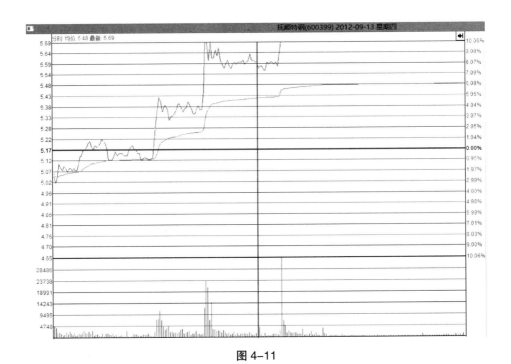

图 4-11

从图 4-10 可以看到，9 月 14 日开盘后，主力便大力推动分时股价线形成上冲走势，开盘 30 分钟后便再一次拉至涨停位置，创出新高 6.26 元。如此快速的上涨对于投资人来说具有强大的吸引力，于是很多投资人纷纷开始入场操作。虽然投资人的买入动作比较积极，但是从上涨的走势来看，投资人没有多少低位买入的机会，想要买入只能在高位进行。一旦大量的投资人在高位进行买入操作，那么主力出货的目的就达到了。图 4-10 显示，直到连续加速上涨的高位，成交量才创下盘中的最大量，这说明主力在高位区间内进行大规模出货操作。加速上涨形成以后，出现的高点成为这一天的最高点 6.26 元，任凭后期股价如何放量上冲都无法越过这个高点，并且在后期走势中出现大幅杀跌的走势。而主力在出

货完毕后，最希望的事就是下跌，因为只有下跌出现，才能为主力提供又一次机会。

好机会不常来。天上掉馅饼时，

请用水桶去接，而不是用针顶。

图 4-12 是华丽家族（600503）2012 年 6 月到 11 月的日 K 线走势图。图中显示，华丽家族的股价从 2012 年 7 月 11 日探出中期低点 4.08 元之后便出现快速上涨的走势。从图 4-12 可以看到，股价在 7 月 17 日收出首根低位涨停阳线时，成交量较前期明显放大。成交量低位放大说明有主力资金在盘中开始大规模建仓，此时投资人需要想一下，为什么主力资金在这个时候才建仓？为什么不在前期下跌时增持仓位呢？在前期股价随大盘指数下跌时买入股票，主力需要承担一定的风险；而当大盘指数好转以后再进行建仓，风险就完全消失了，只剩下较大的获利空间。于是在大盘行情好转时，为了赶上上涨行情，最有效的建仓方式就是拉高建仓，在短时间内不计成本地推高股价，只要有卖盘就全部买下。虽然持仓成本提高了，但由于大盘指数行情已经开始，这点低位成本还是可以在后期的拉高过程中消化的。

从图 4-12 可以看到，7 月 17 日收出首根低位涨停阳线后，后面连续出现两根涨停阳线，而且盘中都有机会介入。面对这种快速上冲的走势，投资人必然会积极进行参与，于是在股价上涨的过程中，成交量呈现密集放大的迹象。受到资金持续入场的推动，股价加速向上创出新高的走势，

图 4-12

这说明主力的存在。但由于股价连续上涨，使主力建仓成本明显提高，所以在买到一定数量的股票后，就需要将股价维持在一定段区间的范围内波动。股价涨得快，一旦调整，拉回的速度也会是极快的。7 月 23 日股价在短线加速上涨的末期，出现一根带长上影线的小阳线，股价上升的动能大大减弱。股价在随后拉回时，成交量明显萎缩，说明此时散户投资人进行操作的热情明显降低。

从 7 月 24 日开始，股价连续多日缩量急挫。成交量的萎缩对于盘中的主力来讲是不希望看到的事，因为在如此小的量能中，主力是不可能顺利完成出货操作的。那么如何在盘中再度吸引投资人入场进行操作呢？很简单，只要让股价再次形成强势上涨，便可以稳定住场内的人气，并吸引更多的场外投资人入场操作。于是主力在 8 月初再次拉高股价，并且在 8 月 9 日再次将股价推高到涨停板价格时，买盘随之而来。当股价接近涨停

板价格时，成交量再一次密集放大，并且创下盘中最大量，这说明主力出货的效果是非常好的。

图 4-12 显示，8 月 10 日股价继续大幅高开并创下 6.48 元新高点。由于成交量巨幅放大，主力出货坚决，股价再也无法封住涨停板。但是就是这种看似要涨停却又无法涨停的走势给了投资人良好的获利预期。在还有机会买入的时候，投资人的买盘始终保持极高的介入积极性。因此 8 月 10 日在股价大幅高开的位置，成交量始终保持放大的状态。利用连续涨停的惯性思维对投资人的吸引作用，主力成功地完成了盘中高位出货的操作。从图 4-12 可以看到，加速上涨结束后，股价便在短期内出现快速下跌走势。主力出货完毕后，出现下跌走势难道不是很正常的吗？短线加速上涨的高点构成了一轮行情的最高点，随着下跌的延续，首根涨停阳线以后的上涨又全部倒退回去了。

图 4-13 是金杯汽车（600609）2012 年 7 月到 11 月的日 K 线走势图。图中显示，金杯汽车的股价 2012 年 8 月 3 日探出 1.86 的低点后，股价并没有直接上涨，而是形成了一段近十多个交易日低位平台整理走势。很多短线投资人在进行操作时，总是会对这种低位缩量的横向整理 K 线不知所措，并且很多场外的投资人也总不知道在股价低位调整时如何设置买点。如果盘中多方力度非常强大，那么当横向波动的走势形成以后，股价必然会快速再度展开上攻走势，因为多头是不会允许空头长时间影响股价上升趋势的。当股价历经近十个交易日的平台整理以后，股价在 8 月 22 日便快速收出一根开盘涨停的缩量大阳线。这根大阳线一举脱离了底部区间，使得上升趋势进一步明确。

从图 4-13 可以看到，8 月 22 日首根大阳线出现后，股价连续出现涨

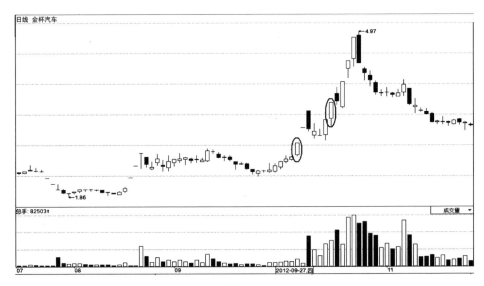

图 4-13

停走势。但 8 月 24 日的这根涨停阳线较为怪异——这一天金杯汽车的股价开盘便在 2.68 元的涨停位置上。一般来讲，只要股价有能力开盘涨停，后期往往还会持续上涨走势。这种走势对于投资人来讲，所产生的吸引作用是非常强烈的。谁不想买入这种强势股呢？一旦买入了，第二天便可以轻松实现获利。

从盘面上可以看到，虽然股价牢牢地封住涨停，但是不影响投资人的追涨热情：越是买不到，便越是要入场进行抢筹。而投资人的这种操作心理对主力来讲正是最有利的。因为控制股价涨跌的主力可以借助涨停板掩护，顺利卖掉手中所持有的股票。股价在上午 10:30 左右，成交量便形成连续放大的迹象。这时的量能是主力的出货量。因为如果此时主力是在进行建仓操作，那么买盘必然会不断增多，买盘增多，股价又怎么可能会打开涨停板呢？只有卖盘的力度大于买盘的力度，股价才可以打开涨停板。

8 月 24 日的出货手法多被主力运用在重仓个股的逐级逐波出货，主力还会在后续的行情中故技重演。

2012 年 8 月 24 日出现一根带长下影线的巨量涨停阳线后，随之而来的是股价在一个比较小的范围内上下震荡。在股价 8 月下旬至 10 月上旬这段震荡的过程中可以看到，每当上涨出现时，成交量会明显放大；而每当股价拉回时，成交量则会大幅度萎缩。这种量能状况正好说明主力资金仍旧增持了一部分筹码，或者说大规模出货并不顺利。主力唯一能做的就是继续推升股价，以此来调动人气。

10 月 10 日缩量涨停大阳线又出现了，这根大阳线突破了震荡平台最高点，一举将震荡区间内所有的 K 线实体全部吞掉。一般来说，突破性的缩量涨停意味着主力仍在控制局面，量能不放大，波动的安全性较强。10 月 11 日继续缩量涨停，成交量出现近日天量，最终股价以巨量阴线作收。图中可以看到，10 月 13 日这根高开低走巨量阴线大大地伤害了场内外的人气，随后两个交易日虽然收出阴线，但由于股价弱势特征的存在，使得投资人入场的积极性越来越低，成交量大幅萎缩，也使得主力的出货操作变得困难。在这种情况下，主力必须再次发动股价新的上涨行情，吸引买盘入场。

从图 4-14 分时盘可以看到，2012 年 10 月 18 日金杯汽车的股价开低后，便一路走高。这一天的分时股价线陡峭的上升角度对投资人来讲往往会有吸引作用，很多投资人认为单边上涨是强势上涨行情开始的信号。的确，开盘以后，分时股价线便出现快速的上冲走势，股价尾盘最终封在涨停的位置，大幅刺激了人气。股价在随后多个交易日连续出现涨停现象，量能也出现快速放大现象。

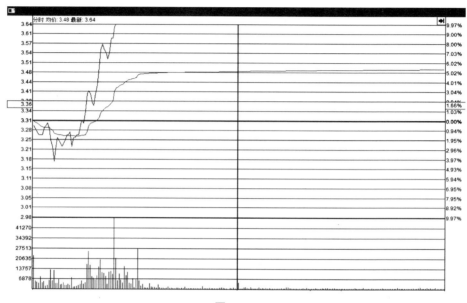

图 4-14

　　成交量放大，意味着主力期盼着散户投资人在这一时间段参与进来；连续的开低走高，尾盘封涨停就是主力给投资人留下的逢低买入的机会。在股价上涨到高位，成交量创下盘中巨量时，股价也封住了涨停板，如果主力有心让股价后期继续上涨，那么连续封住涨停时，成交量必然会越来越小。但是在股价涨停以后，成交量却出现连续放大迹象，并且随着量能放大，涨停板在盘中出现多次被打开的现象。量价的配合，说明主力在盘中开始出货的操作。如果主力没有出货，成交量在连续涨停板时怎么可能形成放大的迹象呢？同时，如果主力没有出货而有心做多股价，谁手中又会持有这么多的股票能够砸开涨停板呢？随着主力出货操作的延续，其手中股票的数量越来越少，股价在后期再也无法牢牢封死涨停。10 月 25 日股价高开后创出 4.97 元高点后，便一路单边下跌，量能也巨幅放大，此

时，主力出货的意图变得更加明确。所以对于这种加速放量上涨的个股最好不要参与，因为其风险远大于收益。

图 4-15 是新华锦（600735）2012 年 3 月到 7 月的日 K 线走势图。图中显示，新华锦的股价在上涨之前形成了连续的下跌走势，而股价下跌的力度越大，后期上涨的力度也将越大。股价在 2012 年 4 月 5 日开低走低，探出 7.17 元后，受到成交量放大的推动，盘中出现一波连续性的上涨行情，尾盘以一根中阳线作收。这是一根站稳回升的中阳线，低位开低走高中阳线的出现有力地向上吞没了前一交易日阴 K 线的实体，这种走势向投资人发出了强势信号。

如果市场中卖盘远大于买盘，别说开低走高的中阳线了，就连小实体的阳线也很难出现。低位开低走高中阳线的出现，说明买盘数量远大于卖盘，并且买盘的力度也大于卖盘的力度。4 月 5 日这次开低走高不是散户

图 4-15

投资人的资金所能推动的，它的出现是主力控盘资金推动的结果，低位开低走高中阳线为什么在这个位置出现？因为主力想要向上做多。投资人在盘中发现股价有低开走高的中阳线时，一定要及时进场操作。4 月 5 日的低位低开走高中阳线出现后，股价展开稳健的推升走势。

从图 4-15 可以发现，当第一轮稳步盘升行情在 4 月下旬到达一处短线顶部以后，主力需要对前期低位介入的投资人做清场行动，以便后续行情能轻装前进。随着主力打压盘涌出，股价出现震荡拉回的走势。在股价下跌的过程中，成交量变得越来越小，这种量能形态说明在股价拉回的过程中，主力无法顺利清理浮动筹码，也无法出掉一部分筹码，因为无人买卖的市场是无法激发参与热情的。主力必须改变操作思路，因此只能将股价快速拉上去，以放大量形式吸引场外投资人参与。

于是股价在 5 月中旬拉回结束以后，5 月 15 日主力使用少量的资金进行对倒，让股价再次形成强势。随着涨停大阳线出现，此时股价上涨的角度明显加大，快速的上涨再也没有给投资人留下任何逢低介入的机会。对于那些仍然没有买入的投资人来说，此时的加速上涨对他们将形成强烈的吸引，有谁不想买入一支形成快速上涨走势的个股呢？但是此时根本找不到入场的机会。

图 4-15 显示，5 月 16 日、5 月 17 日和 5 月 18 日的涨停量能是逐级递减的。因为主力只是想借助加速的上冲吸引场外投资人注意，但不会给大家参与的机会。如果主力真愿意让投资人参与到上涨过程中，为什么会缩量加速推高股价呢？另外，上涨缩量意味着上升动力迟早会衰竭，缩量上涨完全是主力可以拉抬所致，带有明确的诱多痕迹。

图 4-16 分时盘显示，5 月 21 日停牌 1 小时后，股价以最高价 13.19

图 4-16

元开盘，分时股价出现快速单边拉回走势，甚至在分时图中最高价位都没有留下痕迹，拉回速度之快可想而知。量能呈现阶段性巨量，股价以一根开高走低大阴线作收。伴随着这天巨量的出现，在大幅开高过程中，主力顺利完成出货。新高点形成，便出现一次短线杀跌走势，股价怎么涨上去的，又怎么跌回来。虽然股价短线加速上涨极具诱惑力，但投资人只要对成交量加以分析，必然可以在上涨末期找到风险到来的信号，从而在下跌前提前回避。加速上涨结束以后，新华锦的股价便出现一波大力度的下跌走势，

　　图 4-17 是天业股份（600807）2012 年 6 月到 11 月的日 K 线走势图。图中显示，天业股份的股价在 2012 年 7 月 31 日探明低点 5.23 元之后，股

图 4-17

价出现站稳反弹的走势。初期上涨时，阴线的实体都非常小，说明资金在盘中的推动力度很弱。同时在股价上升趋势形成时，上涨角度较为平缓，并且量能也没有放大迹象，这种上涨角度和力度进一步确认了资金做多的积极性不高。股价上涨角度的平缓与上涨量能的弱势，决定了股价的上涨幅度不会很大，这类个股很难给投资人带来较好的获利机会，投资人当对其保持观望的态度。

当股价弱势上涨结束后，股价从 8 月上旬开始逐级拉回，成交量也随之出现明显的萎缩迹象。量能的不断萎缩使得主力不仅不能获利，而且连所持有的筹码也难以兑现出局。在这种情况下，主力应当如何继续进行操作呢？很显然，散户投资人喜欢股价上涨，而不喜欢股价下跌，只要股价下跌投资人就不会轻易地买入。因此主力想要继续做盘，只要将股价推

高上去便可以了，而且股价上涨的幅度越高，吸引来的买盘数量也就会越多，这样才能实现主力的各种操作意图。

从图 4-17 可以发现，股价在 9 月上旬再次回到前期低点附近，量能萎缩到极致，这就是变盘的征兆。9 月 6 日股价出现一根中阳线，这根温和放量中阳线将前几个交易日的阴线全部吞噬，彻底反转了盘面的不良态势。股价随后出现三根无量涨停阳线，短线暴利特征极其明显。股价在 9 月 17 日开高后，便一路走低，尾盘以一根中阴线作收，成交量也出现放大，这是股价站稳反弹的第一处高点。此时，主力开始大力度地出货。因为跟风盘非常多，所以第一处的顶部主力采取杀跌出货的方式。但是随着两个交易日的拉回，成交量变得越来越少，在这么小的量能之中，主力怎么可能卖出手中持有的巨量股票呢？因此为了完成出货的操作，主力只能再次将股价推高上去。

2012 年 9 月 19 日，一根站稳回升涨停阳线出现了。在放量大阳线出现时，投资人纷纷认为股价将要再次形成上涨走势，但此时主力却毫不留情地将手中的筹码大幅度抛了出去。次日，股价继续开高走高收出涨停板，成交量进一步放大。9 月 21 日股价一改前面两次盘中收涨停的方式，一开盘便挂出涨停 9.02 元，大大地刺激了场内外人气，成交量巨幅放大中，主力完成了全部仓位的清理。投资人如何识别这种以出货为目的的价升量增呢？首先，对股价运行的位置进行分析，如果股价所处的位置较高了，那么量能在涨停板位置的巨幅放大就是主力的出货操作，因为主力是没有必要在股价涨停时再进行增仓操作的。其次，从 9 月 21 日的分时盘也可以看出端倪，投资人需要对前期高点量能的性质认真分析。如果前期高点前量能表明主力的资金在不断出货，那么股价涨停时的巨量也就是主力的出货量了。因为主力在前期高点出货，再用更高的价位进行建仓是难以想象的事，而合理的解释就是主力在利用盘中的每一个高点进行出货操作。虽然股价在盘中出现涨停的走势，但是在巨量卖盘不断出现的情况下，涨停板被轻松打开了。除了主力手中持有巨量的股票以外，谁还有那么大的资金实力买入足以打开涨停的股票呢？因此能够打开涨停板的卖盘绝对不是一般投资人所能持有的，只有主力资金才有这个实力。所以加速并以放量涨停方式出现的盘面形态是极其危险的。

不过前高卖出

1. 原理综述

当股价形成明确的上升趋势或反弹过程中，虽然中途会有调整，但调整过后新高总是会不断出现，因为整个主力当前的操作意图就是单一地推动股价上涨，以便开拓更大的获利空间。但股价上涨不会长时间持续，当主力对当前的获利状况认可之后，便会进行出货操作，股价的上涨力度会明显减弱。此阶段股价在波动时会形成一个非常明显的特征：在前期高点附近出现滞涨现象，而一旦股价无法突破前期高点，必然会动摇场内参与者的持筹信心，下跌走势就会随之而来。如果盘中主力有心继续做多，新高怎么可能不出现呢？所以出现不过前高走势时，就应当及时将手中的筹码抛出了。

利用股价"不过前高"的形态研判后市的去向，可以较准确地找到

股价波动时的高点，在不过前高卖点出现时，往往还有一个明显的技术特征：在形成前高后，反弹展开时，其上涨力度较小，上涨空间极其有限，而且很容易受到前期高点各种压力位的反压。因此在操作无量反弹时，一旦股价受到前期高点明显压力出现拉回，投资人就要及时将手中的股票抛出去，以避免受到压力后导致反弹行情结束。

无论在高位区域还是在反弹的过程中，出现这种"不过前高"走势，都说明参与者普遍看淡后市。对后市的股价走势不太看好，或是对股价短期走势不太乐观，导致投资人追涨的积极性降低。由于此阶段场外资金也存在观望心态，因此当股价出现反弹时，买盘表现得不是很积极；再次冲高时量能不足，使得股价反弹无力，转而继续下跌。"不过前高"走势的出现可以警示投资人避免操作上涨力度小的跟风个股，还可以帮助追踪观察那些调整力度小的潜力个股。"不过前高"形态对后期走势的提示作用是非常重要的。

2. 经典案例

图 4-18 是深深宝 A（000019）2011 年 12 月到 2012 年 7 月的日 K 线走势图。图中显示，深深宝的股价在 2012 年 1 月 6 日探出 6.97 元中期低点后，便出现连续上涨的走势。在上涨初期时，股价在 1 月中旬至 3 月中旬这段交易时间内出现三次平台整理的走势，虽然股价在后期创下了调整的新高，但是没有形成加速的突破走势，而是以小阳线的形式展开上涨，一旦盘面出现大阴线，主力便会在次日以大阳线拉回。这种走势说明多头上攻的力度较为保守，主力刻意营造稳步上扬的格局。

从图 4-18 可以看到，虽然股价整理时的 K 线形态与量能状况略有差

图 4-18

异，但是股价在这三处上升震荡的位置有着极为明显的共通性：调整出现以后，股价在后期快速收出一根涨停阳线或大阳线，这根大阳线的出现吞没了调整阴线的整个区间。大阳线的出现使得股价当前的上升趋势更加稳固；虽然调整阴线暂时影响上升趋势，但是在大阳线的促进下，上升趋势又得以保全。每当调整结束以后股价又在后期形成新高突破的走势，只要股价始终能够完成突破，新高总是不断出现。新高的出现说明资金在盘中有意做多。主力资金有意不断做多，我们没有理由不跟随主力脚步。

从图 4-18 可以发现，股价在经历了较长时间的上涨以后，3 月下旬，成交量在高位出现了堆积放量的现象。高位放量现象的出现，表示盘中主力资金出货操作的展开，所以在此时投资人一定要对股价波动高度警惕。当股价在 4 月 5 日收出最后一根带长上下影线的放量十字星，股价在高位留下一个 11.99 元的高点后，连续的调整走势随之展开。从 4 月上旬到 5

月上旬的急跌过程中，由于股价下跌过快，并且下跌时成交量低迷，买盘数量极少，场内很多参与者被牢牢地套在高位。股价跌到了低位，成交量也较少，此时盘中主力不需要太多的量能便可以将股价推高。从 4 月上旬的回升就可以看出主力维持股价的意图，如果没有资金介入，反弹走势怎么可能形成呢？虽然量能不大，但这种走势却是无量反弹最明显的技术特征。所以在反弹信号出现，形成上升趋势的时候，必须坚定持股。

图 4-18 显示，股价经过连续 28 个交易日的快速拉回和震荡反弹后，再度于 5 月 21 日收出一根大实体的阳线。虽然这一天的上涨走势看似很强劲，但风险却随着这一根大阳线的到来而变得更大了。因为股价在这一天的上涨过程中，形成的高点 11.39 元并没有有效地突破前一次十字线的高点。一旦股价不能有效突破前期高点压力，便意味着盘中做空的资金力度远大于做多资金的力度，因为股价下跌的时间越长、下跌的幅度越大，所需要的资金推动数量也就越多。因此面对股价突破压力点失败，持续性下跌走势的最终形成，投资人一定要坚决清仓离场。在"不过前高"的 K 线格局形成以后，大的下降趋势必然会出现，第二个交易日，股价出现跌停板，成交量也随之出现放大的迹象。量能的变化说明此时的下跌是资金在盘中大规模做空导致的；在量能巨大并且股价下跌角度极为陡峭时，谁在盘中做多，谁的资金必然会出现亏损。

图 4-19 是深圳能源（000027）2012 年 2 月到 10 月的日 K 线走势图。图中显示，深圳能源的股价在 2012 年 4 月上旬之前是下跌，下跌原因就是因为成交量低迷。量能过小说明场中没有资金进行运作，而没有资金支撑，股价便没有上涨动力，这时不能入场。深圳能源在初期上涨的过程中，成交量在底部呈现出逐渐放大的迹象。量能放大股价形成上升趋

图 4-19

势，说明资金对股价上涨有强大的推进作用。不过在成交量放大，股价上涨的同时，投资人需要对上涨过程中 K 线实体的大小进行分析，因为上涨 K 线实体的大小可以准确反映盘中资金做多的力度。资金入场做多不代表股价会一直不停地上涨，因为目前市场中各种性质的资金非常多，如果不是单一性质的资金介入，就算成交量放大也不会引起股价放量上涨，因为控盘的主力资金不会轻易为其他的资金"抬轿"。所以在股价放量上涨时，对上涨时的 K 线实体大小进行分析是非常重要的。

从图 4-19 可以发现，深圳能源从 4 月上旬开始的上涨过程中，形成中等力度上涨走势，整个运行过程中没有出现明显的大阳线或大阴线。股价上涨的过程中，虽然成交量出现稳步放大，却无法与那些强势上涨走势个股极为密集的成交量相比。正是因为成交量处于温和状态才反映资金推动力度的中等，股价形成中等力度上涨走势也是必然的。从图 4-19 可以

看到，股价在上涨过程中出现了许多小级别的调整走势，每当股价创出新高并向上上涨一定空间以后，便出现了拉回的走势。在拉回过程中，成交量没有急剧放大，而是依然保持温和的状态，说明主力没有在高点处进行整体性的出货操作。主力没有积极地出货，那么股价在后期就还会有上涨的机会。既然股价处于上升趋势的大环境，主力为什么不加大拉升力度呢？一是因为主力持仓量不足，分散在其他参与者手中的浮动筹码较多；二是该股受大盘指数影响较大，指数处于不温不火的状态，限制了主力的拉高操作，因此主力只能采用中等力度的拉高方式。

当股价下跌了一两个交易日后，有了足够的利润空间时，主力会在低点处再买回前期高点卖出的股票。这样一来，虽然股价又回到原来的位置，但是主力却可以在盘中两次获利，借由这多次震荡累积起来的收益也会是非常丰厚的。

图 4-19 显示，深圳能源的股价经过连续稳步推升后，在 2012 年 6 月 13 日收出一根开低走高的涨停大阳线（这是从 4 月上旬站稳回升以来唯一的一根涨停阳线），创出 7.02 元的高点，并且成交量也达近期巨量。成交量出现明显的放大迹象说明多空双方对未来走势的判断出现分歧。是新一轮行情起点，还是多空反转分水岭呢？后续几天的走势至关重要。

一般来说，股价收出代表性高点之后，面对后期股价的波动，投资人一定要将 6 月 13 日这根大阳线的高点作为参考。如果股价后期无法突破大阳线区间，场外的投资人就不能入场进行操作，因为大阳线高点的区间是主力资金在盘中出货的区间。在这个风险区间内，投资人又怎么能够做多呢？从图 4-19 可以看到，股价连续 8 个交易日收出长上影线的小阳小阴后，始终无法突破前期的 7.02 元高点。股价无力再次创出新高，意味着盘中做多量能严重不足，这一点从成交量此时的萎缩可以进一步得到验证。成交量萎缩与新高无法出现，此时投资人就要将手中的股票卖出，在新高不创的位置卖出手中的股票：透过后期的下跌走势来看，正好卖在盘中的新高区间。正确的操作方法总是可以帮助投资人及时回避风险。

图4-20是中联重科（000157）2012年3月到9月的日K线走势图。图中显示，中联重科在2012年3月29日探出8.42元阶段性低点之前，出现一轮短线暴跌的走势。在很短的时间内，股价出现较深幅度的下跌，深幅的下跌对于投资人而言是一件好事，因为股价跌得越多，未来的上涨空间也就越大。在股价有较深幅的下跌以后，投资人应当在何时进行操作呢？首先，需要对市场整体环境的波动状况进行判断：只有在大盘指数形成明确底部时，股价下跌才会有结束的迹象；其次，投资人需要对股价的具体波动形态进行分析：如果股价后期可以形成明确的上涨行情，一定要求股价有能力在低位区间收出大阳线。

图4-20

图 4-20 显示，4 月 5 日出现一根低位放量大阳线，说明盘中资金做多的意愿非常强烈，并且多头的实力远大于空头，在这种情况下，股价才有可能在后期展开大幅上涨的行情。低位大阳线的有效性还可以结合大盘指数运行动向进行综合研判：如果整体市场环境向好，而股价却没有能力收出低位大阳线，就只能说明这种股价的波动是非常虚弱的。在大盘指数底部利用低位大阳线是否出现判断股价波动的强弱力度是很有效的方法：只有在大盘指数底部区间收出涨停大阳线的个股，才可以给投资人带来丰厚的投资报酬。中联重科在 2012 年 4 月 5 日形成低位放量大阳线就符合这种上涨特征：这根低位放量大阳线对后续上涨有较好的推动和支撑作用。

从图 4-20 可以看到，当股价 4 月 5 日收出低位放量大阳线以后，随着成交量连续放大，股价展开一轮连续上涨行情。在上涨过程中，成交量逐渐放大，这是主力资金入场的信号。在股价上涨过程中，阳线的数量比阴线的数量多很多。K 线形态的阳多阴少，说明盘中做多力度开始远大于做空的力度。面对这种走势，投资人一定要在盘中积极进行操作。阳线不断出现，不仅说明多头的实力大，也说明空头的做空力度非常小，只要这种现象不断维持下去，股价必然可以不停上涨，因此在阳线多于阴线的区间内，任何做空的操作都将是错误的。股价稳步上涨，给很多低点处买入的投资人带来较大的获利空间，如果投资人不"交出"手中的股票，主力的继续推升操作就会遇到较大阻力。于是 5 月上旬在股价上涨的中途，主力人为打压股价，使之出现拉回的走势。很多投资人见到股价放量下跌，必然会因为担心股价形成短线顶部，慌忙地卖出手中股票。但是此时的上冲拉回走势仅是主力的一种洗盘操作而已，否则主力为什么不让股价在此整理区间内收于较多的大实体阳线呢？在清理浮筹以后，主力所要做的就是以最快的速度推高股价，以使前期投入的资金实现巨额收益。

图4-20显示，5月22日股价在成交量急剧放大的推动下，出现一根快速上涨的大阳线，这种量价配合走势，说明主力在盘中做多意愿非常强烈。这种走势对于投资人而言是获利的最好时机。随后几个交易日股价仍旧强势上行，成交量进一步放大。这种走势说明上冲的高点处已经开始有资金逢高出货了，而卖盘的增加，导致上攻乏力是很正常的。从图4-20分时盘还可以看到，5月29日的分时股价线上冲到最高点11.28之后，巨量卖盘涌出，将分时股价线快速打落，尾盘以一根高位十字线作收。

高位十字线伴随成交量大幅度放大。高位十字线意味着资金做多的意愿明显降低，主力不想继续做多，股价怎么可能持续上涨呢？这时投资人需要对当日分时股价线的波动及量能变化高度重视，一旦出现明确的顶部迹象，就要以最快的速度将手中的股票抛出。股价探出11.28元高点后，这个点位便可以作为后续行情的风向标。如果后市形成"新高不创"的不良态势，中期卖点就形成了。股价自高点拉回5个交易日后，再度出现上涨走势，但此时可以看到，上涨的高点再也没有能力向上突破前期高点11.28元。这种走势说明多方的力量明显减弱，而无法创出新高便意味着股价在后期会有很大机率下跌，因此应当在"不过前高"时及时卖出；"不过前高"，卖点必然出现，股价必然会在后期持续拉回，并且很难有机会再度上涨。

图4-21是冀东水泥（000401）2011年12月到7月的日K线走势图。图中显示，冀东水泥的股价从2011年12月下旬开始便出现一轮连续上涨，但是在股价上涨的过程中也并非一帆风顺，而是充满了多次调整。虽

图 4-21

然调整走势会影响投资人的持股心态，但是每一次调整的出现，却可以带来新的获利机会，新高总是不断出现。新高的出现说明资金有意不断做多，在此时投资人就可以积极入场进行建仓操作。从图 4-21 可以看到，每当股价调整结束以后，都会出现一根大实体的阳线向上完成突破走势。只要投资人在突破点进行买入，都可以轻松地在后期实现较大的获利。在成交量不断放大，日 K 线不断上行的态势下，投资人一定要牢牢拿稳，因为这种量价配合走势说明主力在盘中做多意愿非常强烈，这种走势对于投资人而言是获利的最好时机。

　　2012 年 2 月下旬，当股价进入高价区域后，随着成交量萎缩，上涨角度反而变得越来越大，2 月 24 日股价首次出现一个新高点 20.55 元。这种盘面走势说明上冲的高点处资金已经开始逢高出货了，而卖盘的增加导致上攻乏力是很正常的。一般来说，运行趋势的扭转是需要时间的，在正常情况下，股价由上升转为下跌绝对会在高位出现一些明显的技术征兆。虽然有时股价快速上涨而后快速下跌，但这种现象毕竟是少数，实际情况仍然是股价在上涨结束和下跌之前会有一个转势的波动过程。

从图4-21可以看到，当股价在2月24日创出20.55元的新高点后，成交量便呈现逐渐萎缩的态势。新高缩量走势意味着资金做多的意愿明显降低，主力不想继续做多，股价怎么可能持续上涨呢？这时投资人需要对股价的波动高度重视，一旦股价不能继续创出新高，就要以最快的速度将手中的股票抛出。图4-21显示，3月14日冀东水泥的股价在高位区域收出一根放量中阴线。下跌量能的放出使得盘面的运行趋势骤然转坏，这么陡峭的下跌角度如果不是资金在盘中积极做空又怎么可能形成？同时，为这根放量大阴线封闭了前期向上的跳空缺口，股价走势在后期继续向下已经不可避免。下跌的形成，进一步向投资人发出风险到来的信号。

股价经过短线快速调整后，4月5日再次出现一根大实体的阳线，并且这根大阳线一举吞掉前期数日调整阴线，股价再次出现反弹上涨的走势。当反弹行情展开时，4月5日的这根"一阳吞多阴"的反弹站稳阳线的量能也较为温和，同时后续上攻阳线的实体都较小，成交量也没有随着反弹上涨走势的形成出现放大迹象。随着股价越来越高，此阶段的成交量却远远小于前期高点的成交量，反弹的力度和角度极其有限。股价上涨但量能呈现高位萎缩，这是标准的价量背离走势。由此可见，如果投资人见到股价始终无法顺利向上突破就要意识到，在高位压力区间有很大可能再次形成另一处顶部。

图4-21显示，4月20日股价反弹接近高点时便受到强大的压力，导致拉回走势形成。从4月5日的16.71元站稳反弹低点到4月20日的

20.15 元反弹高点，冀东水泥的股价 12 个交易日内只上涨了 20.59％左右。得不到资金入场的推动，虽然股价出现上涨走势，依然很难给投资人带来获利机会。反弹没有突破前面高点，两个高点造成了逐渐降低的现象，没有延续前面不断创新高的走势，这种走势就称为"反弹不过新高"形态。

从图 4-21 可以看到，股价在 4 月 5 日形成一个次高点后，出现继续拉回走势。股价再拉回中，成交量仍旧没有放大的趋势。量能萎缩使得场内主力无法将剩余筹码出掉，因此只好再次将股价推高进行出货。由于高点处成交量的性质透露出主力出货的信号，所以虽然股价在反弹上涨，但上涨的性质却是资金撤离，此时股价二次反弹走势仍旧是卖出信号。在 5 月中旬到下旬这段拉抬上涨过程中，由于阳线总是不断出现，量能也相较于前期反弹走势增加，因此这种走势会对投资人形成极大的吸引作用。

但是主力在前期刚刚完成两处高点出货操作时，又怎么可能再次入场建仓呢？所以再次形成高点的走势不是获利的机会，而是卖点到来的信号。5 月 29 日股价再次在高位形成一处"不过前高"的带长下影锤头线。股价在连续反弹以后无法再创出新高，说明多方的力度明显衰竭，此时如果投资人持仓应当考虑坚决离场观望。"反弹不过前高"走势的形成，不仅可以对股价后期的上涨走势产生压力的作用，同时还会对股价有促跌的作用。"反弹不过前高"走势在高价区域经常会遇到，这种卖出方法非常简单，并且也非常容易把握，因为高点在前期已经确立，目前的股价是否可以及时向上有效突破很容易判断，一旦股价无法向上形成突破，出现拉回时就要及时卖出。

这种高位形态在实战中其实出现的频率并不低，但往往还是被投资人忽略。为什么呢？就是因为投资人被上涨的行情所迷惑，被账面上的赢利冲昏了头脑，脑子里想的就是股价涨了还会再涨，钱赚了还会再赚，美好的憧憬与幻想已经填满了整个思想空间。殊不知这种半麻醉般的感觉，正是主力想要的效果。第一次高点回落时，投资人可能还为之前没有卖在高点感到后悔，但当股价再度拉起，这种情绪迅速就被吹得云消雾散了，心里在暗自庆幸自己的选择太正确了，认为股价还会再创新高的。有的时候甚至会想象着不只是再创新高，牛市征程的终点还在很远的地方。当年 6124 点的时候，市场能够传唱出"打死都不卖"的歌谣，就充分说明了当时投资人的心态。可事实证明，天下没有不散的宴席，风险总还是要来的。

因此，对于这种"高位放量不过前高"的走势，投资人真的应该铭记于心。为了加深印象，下面就再列举几个类似的案例。

图 4-22 是西安旅游（000610）2012 年 7 月到 12 月的日 K 线走势图。图中显示，西安旅游的股价在中期下跌的过程中，成交量始终保持萎缩状

图 4-22

态，量能的变化是在提示投资人盘中根本没有主力资金介入的迹象；主力资金始终不入场进行操作，股价就很难展开有效的上涨行情。在2012年8月下旬出现一波快速下跌的走势。股价短线快速下跌必然会给投资人造成极大的心理压力，从而使其卖出手中的股票。投资人的卖盘加上主力的买盘，促使成交量出现低位放大的状态。

由于股价依然位于主力建仓的区间内，所以股价此时的快速下跌并不可怕，否则为什么在股价下跌时，主力的资金还敢于不断买入呢？成交量在股价下跌过程中出现放大的迹象不是资金在出货，而是资金在建仓。因此股价下跌的低点就可以视为买点，只要投资人在股价调整的低点进行建仓，便可以轻松地在后期获得较好的短线收益。股价在8月31日探出一个相对低点后开始上扬。由于资金积极入场，成交量出现明显放大的态势，股价形成稳步反弹上涨的走势。在反弹上涨途中，基本上没有阴线实体出现，说明多方力量较为主动。在股价持续上涨时，只要成交量没有发生异常放大或连续萎缩现象，上升趋势会继续保持。

从图4-22可以看到，股价在9月10日回升到前期急跌平台附近时，出现了三个交易日的平台震荡，成交量呈现明显放量现象。股价随即在9月13日出现突破前期下降平台的走势，并一举创出反弹高点8.27元，这是一根巨量带长上影线的小阳线。从图4-22的分时盘可以看到，9月13日股价开高后，分时股价线便出现了持续上涨走势。在初期上涨时，成交量出现明显的放大迹象，说明有主力全力进行拉高操作。分时股价线在开盘半个小时后被拉至接近涨停的位置，创出盘中高点8.27元。陡峭的上涨角度对投资人形成强大吸引。从盘势还可以发现，在上涨的过程中，成交量出现急剧放大，说明投资人对当前上涨的认可程度相当高。在主力获利后，投资人大规模入场，就是主力最好的出货时机。借助巨量掩护，主力成功地在高点抛掉手中的筹码。成交量放大一方面是股价上冲过程中短线获利盘涌出所致，另一方面是股价下探时看多资金流入导致的。此时投资人应留意随时有可能出现的调整走势。

9月13日收出的这根带较长上影线的新高小阳线，不足以完全说明反弹的阶段性顶部已经形成，所以需要配合后期的走势进一步判断风险的程度。如果这根巨量小阳线的高点被后续出现的阳线吞掉，上涨行情仍会延续下去。如果这根巨量小阳线的高点形成上涨反压，股价很难有效突破上去，那么这个位置就很有可能改变运行趋势。9月13日收出的这根新高小阳线出现以后，股价马上在第三个交易日再度收出一根高点略低的带长上影线的锤头线。股价连续两天形成"不过前高"的不良走势，说明前高附近的压力沉重，只要有高点资金便会进行出货操作。这两根带长上下影线的阴阳线初步说明该区间存在较大压力，第二根带长上影线的锤头线进一步确认前高压力的有效性，因此股价调整的机率会很大。

从图4-22可以看到，"高位不过前高"K线组合出现后，股价随即出现持续拉回的走势。在高位出现的带长上影线的双星K线组合有可能表明的是主力出货或是主力洗盘的行为，但无论是什么性质的波动，股价短线都必然会继续调整。"高位反弹不过前高"的技术特征就是这样：成交量总会创下盘中和阶段性的最大量，且后续量能呈现逐渐萎缩的态势，股价无法再突破前高点压力，这就是顶部将要形成时。这时一旦发现股价由滞涨状态较为快速拉回，就需要将手中的股票抛出。高点巨量和"不过前高"形成以后，后期的下跌速度往往是很快的。

图 4-23 是苏宁环球（000718）2012 年 3 月到 8 月的日 K 线走势图。图中显示，苏宁环球的股价在上涨过程中，量价配合始终保持非常完美的态势。在股价下跌时可以看到，成交量始终保持较低水准，说明没有多少资金在下跌途中积极进行出货操作。一般来说，从短线震荡调整走势判断后市是否强势是一件很难的事，谁也不知道股价下跌过后到底会有什么样的上涨走势出现。既然下跌无法准确判断，那就不妨等到上涨时再去分析。股价上涨时，资金展开快速建仓，资金入场的方式是积极建仓，但数量众多的买盘进场没有引发较多的大实体阳线出现，这种较为温和的价量特征绝不是跟风上涨。整个震荡上升区间内没有暴涨的阳线，也没有暴跌的阴线，这种不温不火的走势就是稳健上涨最明显的特征。虽然股价在上升通道内出现多波短线下跌走势，但从图中可以看到，大的上升趋势始终没有破坏掉，大趋势依然确立，并且量价配合非常有规律，这种技术特征

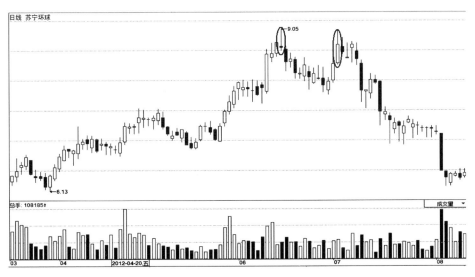

图 4-23

便可以支持股价不断涨高。后期随着成交量不断放大，股价涨幅越来越大，只有及时跟随主流资金集中入场才可以得到好的收益。

从图4-23可以发现，在股价经过较长时间的上涨以后，主力有了较大的获利空间，投资人需要随时小心主力的出货操作。一旦主力展开出货操作，那么K线的波动必然会出现明显变化。股价多次在盘中创下新高，主力推高股价不是为了使投资人获利，而是要使自己投入的资金快速产生收益。当股价凌厉的上涨走势使得投资人放松警惕，有什么办法可以在顶部到来时及时提示投资人呢？在股价顶部震荡时，可以看到一种明确的风险信号——高位滞涨K线。

6月14日股价第一次创出阶段性高点9.05元时，随着主力大力出货操作的进行，收出一根带长上下影线的十字线，并且上影线较长。无论是在股价的高点还是在上涨中途，对于出现的十字线都应当重视，因为此区间多空双方产生分歧后必然会选择新的运行方向。一般来说，高位出现带长上下影的十字线后，正常情况下，要求三天内必须形成突破向上的走势。如果股票能够继续向上，并吃掉十字星的上影线，则可以继续做多；但是如果形成下跌，并且跌破十字星低点走势时，无论后期股价是否还会继续上涨，投资人都必须暂时离场，待股价波动稳定以后再重做操作打算。

图4-23显示，高位十字星出现后，股价第二天出现放量下跌的走势，这是多头向空头妥协的表现，此高点区域不适合再继续持有股票。投资人可以试想：在这个位置谁有能力主动砸盘呢？难道说主力高位洗盘吗？如果这次拉回是主力洗盘的话，那么股价再拉回的过程中，成交量应当不出现明显放大。股价弱势的存在，使投资人参与的积极性越来越低，成交量

大幅萎缩使得主力无论是进行震仓还是出货操作都变得十分困难。在这种情况下，主力必须再次发动股价新的上涨行情以吸引买盘入场。在股价又一次出现上涨走势时，投资人一定要留意股价的上涨幅度。如果股价可以有效放量突破新高，那么上涨行情就可以延续；如果股价始终无法突破新高，顶部就有可能随时形成。7 月 3 日当股价上涨至前一次高点区间以后，成交量出现萎缩，量能仍旧没有放大迹象，说明资金入场做多的力度仍旧不足。在这种情况下，股价很难形成真正的突破。而 K 线形态上，股价也形成标准的 K 线"不过前高"不良态势。在量能萎缩，股价始终无法完成突破时，投资人所要做的就是及时卖出手中的股票。

放量高点卖出

1. 原理综述

股价经过较大幅的上涨或下跌之后，突然出现向上加速拉升现象。而且在股价加速拉升的过程中，成交量呈现放大迹象。一般来说，只要成交量出现放大，便可以出现不同幅度的上涨走势，说明资金入场对股价产生真实的推动作用。多头力量快速集结调动场外资金的积极性，于是在高价区域连续收出多根放量新高的大阳线。在创出最高大阳线的当天，股价开盘后，走势就表现得比较强劲，盘中的买盘也较为积极，成交量也有效放出。但分时盘面观察发现，这种走势主要是盘中出现的大手笔对倒单拉上去的，分时股价线所呈现的是直线式的拉升状态。但在出现这种走势之后，不代表股价马上就会大跌，或是立刻进入下跌行情。有些主力在拉出首根放量新高大阳线之后，因为没有将手中的筹码完全出掉，所以不会让股价立即下跌，否则无法完成出货的任务。在这种情况下，主力往往会在二次放量构筑第二个高点之后，让股价进入高位放量横向整理状态。

股价在次日开盘后便出现快速拉高的走势，主力再次拉高股价，并且在拉高过程中，成交量较前期进一步放大，呈现典型的价升量增态势。量能的快速放大，更加增强跟风盘的投资信心，场外资金纷纷入场做多，接下主力手中的卖盘。但是当股价运行到前期高点附近或短暂突破前高时，就会突然调头向下运行，随后便出现快速下跌行情。在形成二次放量的过程中，主力主要是抓住散户投资人的习惯性操作心理，以及对量价关系的片面理解。对于高位放量现象，散户投资人往往会认为这是不同的主力在高位进行换手洗盘。主力正好利用投资人的这种错误意识，在高位放量震荡的过程中逐步把筹码抛售给他们。一旦股价在第二波上涨过程中受阻，就是股价进入下跌行情的开始。

放量高点是相对于无量高点而言的，两者的区别不在于顶部股价的波动状态，而在于形成高点位置的成交量变化。放量高点在顶部形成时往往形成明显的放量，而密集放大的成交量多会创下阶段性的最大量，但股价却很难再保持强劲的上涨势头。一般来说，高位越呈现成交量放大趋势就越明显说明主力的出货效果越好。从顶部的性质来讲，放量高点要比无量高点可怕得多。多半时候，放量高点形成后会出现无量高点，但很多时候，一旦放量高点形成，股价往往会快速掉头下跌，所以无论后面是否会出现无量高点，投资人都必须及时将所持的股票脱手。放量高点到来就是风险信号，投资人没有必要在风险到来时继续留在场中。放量高点的形成

还有另一大技术特征：股价在创出新高点之前，往往会出现一次加速上涨走势；此时的加速上涨是主力用来吸引人气的，一旦大量的追涨买盘出现，放量高点便会随之出现。

2．经典案例

图4-24是大地传媒（000719）2011年5月到2012年12月的日K线走势图。图中显示，大地传媒的股价在前期形成头部以后，股价便在后期出现较长时间的震荡下跌走势。股价在震荡的过程中形成一个比较标准的阶梯式形态，这种波动形式对于投资人判断后期突破点的所在提供了便利：只要股价突破阶梯式下跌的上沿平台，便意味着买入机会的到来。震荡下跌走势在7月6日探出一个阶段性低点后便告结束，7月10日首先在低位收出一根"一阳吞多阴"的放量涨停阳线，股价随即在成交量放大的

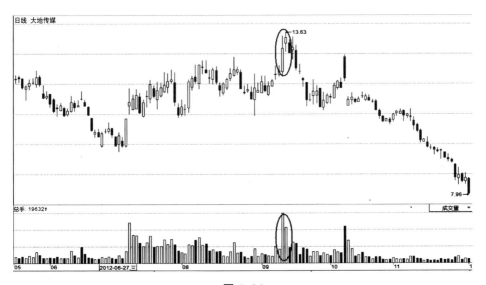

图4-24

推动下展开了放量上涨的走势。7月11日跳空高开，一举突破前期下跌中继平台的阻力。

从4-24可以看到，在突破点成交量创下近期的最大量，此时量能是风险到来的信号还是获利机会到来的信号？在股价突破向上时，突破K线价升量增建仓的信号，说明股价当前的突破是真实有效的，投资人应当积极操作。同时由于股价所处的位置比较低，主力根本没有任何获利出货的空间，在这种情况下，资金怎么可能从场中撤离？股价此时的放量突破走势是主力资金减仓的信号，因为主力资金往往都是在低位建仓，虽然量能与假突破形成时的量能很接近，但股价所处的位置不同会导致后期上涨的必然。

从4-24可以看到，股价在初期上涨过程中，由于成交量总体上比较温和，很多投资人可能对此走势感到迷惑，为何成交量不放大，股价依然可以形成上涨走势呢？这是因为主力在盘中已经锁定大量筹码，只要主力不进行出货操作，那么成交量就很难呈现出放大的迹象。虽然股价上涨的过程中没有过度放量，但投资人应当转换一下思考的角度：上涨时成交量的低迷没有给主力留下好的出货机会，主力不能顺利出掉手中的股票，那么后期必然会有高点再度出现，因此股价的波动是安全的。

经过一段时间的温和上涨后，大地传媒的股价逐渐升到一个相对高位。9月11日股价再次形成上涨走势，这次上涨的速度与第一次上涨相比明显加快，笔直的上涨角度对投资人形成强大的吸引力。从图4-24分时盘可以发现，9月11日大地传媒的股价开盘以后，经过近一小时的震荡，分时股价线便在成交量放大的推动下，出现大力度的上涨走势。在股价上涨过程中，成交量始终保持温和放大的状态，说明股价快速上涨过程中主

力没有进行任何出货操作。但是当股价经过连续上涨达到涨停板位置时，情况却出现变化：虽然股价封住涨停板，并创出盘中新高13.51元，但是成交量却在新高点附近出现明显的放大迹象。为什么在股价上涨时成交量没有放大，而在涨停价格处成交量却急剧放大呢？这说明在涨停板的位置主力开始大规模进行出货操作。股价之前强劲的上涨吸引了大量投资人的注意。谁会不对一支不断上涨并且形成涨停的个股进行操作呢？但是主力就是利用投资人的这种心态，顺利借助涨停板的掩护完成大量出货的操作。最终股价没有封住涨停板，量能也达近阶段巨量。

虽然股价在9月11日的高位区间出现过一次超规模放量，但主力不能在一天内就完成所有的出货。在高位震荡时，虽然主力在不断出货，但高点依然还会出现。9月12日股价继续高开高走，创出13.63元高点。主力必须制造各种假象吸引投资人入场。股价创出新高以后，便开始一路滑落。伴随着巨大的成交量，主力的出货操作变得更加明显。一旦放量出货操作暴露于天下，就说明主力此时已经无所顾忌，资金已完全收回，还有必要再去理会股价的波动吗？因为一旦高位放量出货出现，必然会吓走盘中大量的买盘，如果不是主力已经顺利出完货，哪个主力愿意让场中的买盘变得越来越少？所以当投资人发现主力开始高位放量出货时，就一定要及时随同主力一起坚决地抛出手中的股票。

这种高位放量长阳是最能够挑动投资人神经的手段。本来股价已经积累了一段不小的涨幅，在这个基础上再出现放量上涨，不光是已经获利的中线投资人期盼着更高的价位而不肯卖出，就连没有在相对低位买进的投资人也会禁不住诱惑而"跑步"进场。这时候，什么概念、热点等利好往往伴随着快速上涨的股价相继推出。

但大家有没有想过，本来已经大幅垫高的股价，有哪个主力会在这个位置才开始建仓或者情愿去接住别人已经大幅获利的筹码呢？如果不是主力在买，巨大的成交量说明众多资金进场的同时也存在大量的筹码在积极兑现。买卖其中必有一方是主力，既然主力不会在这买进，剩下的答案就只剩一种可能了——主力在拉高出货。

就像图4-24所示，高位放量长阳之前，股价其实已经在高位震荡了很长的一段时间，这期间，虽然成交量看似比较有限，但在这个区间连续震荡所累积的换手并不会太小，所以才会有突然拉高又迅速下跌的一幕。这也说明主力在前期高位震荡过程中已经在悄悄地出手中筹码了。最后的疯狂拉高不过是再大声吆喝一下，把手中最后的一点儿库存处理给投资人罢了。

图4-25是大连国际（000881）2012年3月到8月的日K线走势图。图中显示，大连国际的股价在2012年3月30日短线下跌至7.36元后，便开始站稳反弹。虽然股价的上升趋势不断延续，但是可以看到，在上涨初期，主力在低位增仓的过程中，上涨力度并不太大，虽然主力采取温和拉高的手法，但其目的依然是希望股价不要出现急升走势，这样才能避免持仓成本提高。在低价区间采用温和上涨方式，虽然也会导致主力的持仓成本提高，但可以最大限度地摆脱其他类型的大资金抢筹的介入，因为股价上升趋势的形成，向其他资金发出主力已入场建仓的信号；除非不得已，其他的资金是不会入场进行抢筹操作的，否则只会引发做盘失败。从图4-25可以看到，股价在上升到前期下跌中继平台附近时，遇到反压，在这种情况下，主力有必要进行洗盘的操作，这样，在降低成本的同时，还将前期的套牢筹码清理出来。股价从5月8日开始出现连续的阴线回档走

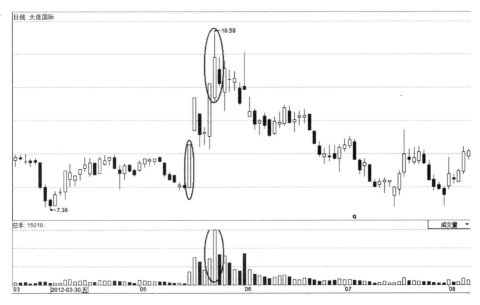

图 4-25

势。股价在调整过程中，K 线实体始终没有放大迹象，而且成交量同步出现明显萎缩，说明在调整区间内主力没有进行大力度的出货操作，此时卖出的只是散户投资人的卖盘。

　　从图 4-25 可以看到，当股价下跌到前期低点 7.36 元上方后获得支撑，5 月 17 日首次收出一根涨停大阳线。涨停板的出现，说明盘中资金在大力度做多；同时这一天成交量也创下了下跌的最大量，说明资金入场数量非常多，这就为股价后期的大幅上涨提供了足够动力。一般来说，在低位放大的成交量是主力进场建仓的重要标志，特别是成交量属于首次放量时，股价后期上涨的机率极大。主力入场操作的目的是为了获利，当资金入场后，后期往往会出现不同程度的上涨。成交量在低位放得越大，后期的涨幅就越高。首次放量出现后，成交量便在股价上涨的促进下越来越大；而股价越是上涨，入场操作的资金就越多，入场资金越多越能够推动股价快速上涨，一旦量价配合形成良性循环就是最好的获利时机。

2012年5月17日首根低位放量大阳线出现之后，股价便在成交量放大的推动下，上涨速度开始明显加快，这种走势说明盘中主力做多的积极性开始增强。上涨速度加快对应的是上涨角度加大。与前期平稳上涨角度相比，投资人可以明显看到，上涨角度由平缓变为陡峭，这种上涨角度的变化就是上涨加速。上涨加速往往意味着股价将进入一轮短线冲刺阶段，股价在后期的涨幅会大于以前。这种走势出现，投资人一定要积极谨慎地持股入场操作。

在5月17日首次涨停板形成之后，股价于次日收出一根涨停大阳线，量能呈现成倍放大。虽然此时上涨时间短于前期的上涨时间，但涨幅却接近前期的一倍，股价已经有相当大的升幅。经过两天的短线回档后，股价再次收出放量涨停阳线，股价以极为陡峭的方式直接封涨停板。对于这样强劲的上涨走势，哪位投资人会不动心？但是就在投资人积极入场时，主力却开始悄然出货。投资人喜欢大阳线，愿意积极追涨，而主力却喜欢反向思维。主力利用投资人追涨的心态，借助涨停的掩护顺利将手中的股票全数出光。

从图4-26分时盘可以看到，5月24日大连国际的股票开盘以后，随着获利卖盘涌出，股价出现快速的开低拉回走势。在股价下跌的过程中，成交量变得越来越小，这种量能形态说明，在股价拉回的过程中，主力是无法顺利进行出货的。通过下跌卖不掉手中的股票，那么主力只能将股价拉上去继续进行出货操作。图4-26分时盘显示，随着量能放大，分时股价线在早盘10时左右形成强劲的上涨走势。分时股价线的快速上扬必然

会对投资人产生强大的吸引作用，于是买盘的数量越来越多，进一步促使
股价上涨的延续。透过连续上涨，股价到达了涨停板位置时，在涨停价格
处的买盘数量变得越来越多，这对于主力的出货操作而言提供了极好的机
会。借助盘中巨量涨停的掩护，主力开始大规模的出货操作。随着连续卖
单出现，早盘 10 时 30 分左右股价的涨停板被快速打开，同时成交量急剧
放大。

　　放量高点有一个最大的特点：一旦成交量达到盘中的最大量，那么
上涨往往也就到头了，急剧放大的成交量在此时已经不能再推动分时股价
线以更快的速度上涨，更不用说再封死涨停板了。投资人除了可以根据及
时的分时股价线向下拐头的原理进行卖出操作，还可以根据成交量的变化

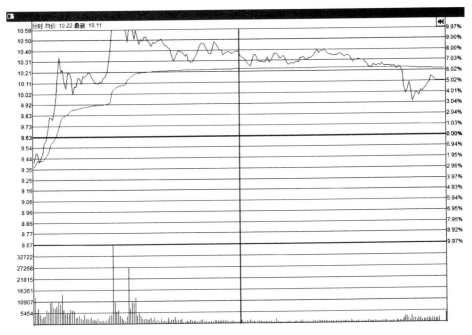

图 4-26

做卖出操作。一旦成交量由放大转变为萎缩，就需要及时将手中的股票抛出去。对于放量高点，成交量萎缩便意味着分时股价线必然产生拉回的走势。

图 4-27 是湖北能源（000883）2012 年 5 月到 9 月的日 K 线走势图。从图中可以看到，湖北能源的股价在 8 月上旬进入主升浪之前的阳线实体都相对较小。这种低位宽幅震荡的走势说明当前仍旧缺乏打破僵局的动力，场内资金做多的积极性不足，即使震荡区间出现反弹高点的走势也多属于受大盘左右的跟风上涨，而跟风上涨个股的上涨幅度与速度都比较有限。主力在这段低位震荡波动区间内，通过技术手段让股价始终在一个比较小的范围内自由波动，那些没有耐心的投资人看到股价在这一区间无法获利，便会卖出手中的股票。一旦卖盘涌出，主力的震仓操作就可以顺利

图 4-27

完成了。低位震仓往往会出现在股价涨幅不是很大时，主力采用这种方式进行操盘，主要清理的获利盘是那些没有耐心的短线投资人。这些投资人往往喜欢进行快进快出的操作，一旦无法从快速进出中实现获利，便会急于兑现筹码离场观望。其实当股价窄幅震荡走势形成时，很多投资人都会迷失方向——股价后期到底是涨是跌谁也不知道；既然无法获利，就卖出这样的股票换入其他能够快速上涨的个股，这样一来，主力的震仓操作就可以轻松完成了。

从图4-27可以看到，8月上旬，湖北能源的股价出现站稳回升的态势，特别是8月7日一根突破前期震荡区间高点的大阳线出现，一举反转了股价的颓势。股价突然出现大角度上涨走势，意味着资金在盘中开始更加积极的操作。此时主力想做的就是以最快的速度推高股价，然后在较短的时间内实现最大收益。从图4-27可以看到，8月7日收出突破性大阳线之后，股价连续两天继续收出涨停大阳线。在股价大角度上涨时，成交量没有出现明显的放大迹象，量能没有过分放大，这进一步确认了资金做多的实质。

只要股价大角度上升的走势形成，投资人就没有必要理会短线会不会形成震荡走势，而应当多对成交量的变化进行分析，因为成交量的变化代表盘中资金的流向，只要主力的资金没有进行出货操作，投资人就可以在任意的位置买入。湖北能源在8月上旬形成的加速上涨过程中，成交量始终保持较为低迷的状态，主力巨大的持仓量怎么可能在如此小的成交量之中顺利完成出货操作呢？无论股价是加速上涨还是短线调整，只要大趋势没有改变，投资人都可以继续持仓或追涨操作。股价在缩量加速上升过程中，不强调在K线形态中的具体买入位置，只要成交量没有放大，始终保持萎缩的状态，投资人就可以随意买入股票；当然如果投资人在前期震荡区间介入，获利还是较丰厚的。

图 4-27 显示，股价经过短线的加速上涨以后，一根开高走低的中阴线在 8 月 13 日从天而降。这根中阴线是上涨途中实体震幅最大的，同时创出这一轮加速上涨的新高点 9.98 元。新高阴线的出现意味着空头在这一天有了足够的能力与多头抗衡，就算股价在后续走势中不产生下跌，也将很难再继续加速上涨。图 4-28 分时盘显示，湖北能源的股价在 8 月 13 日开高后，量价配合发生明显变化，任凭成交量如何放大，分时股价线都无法再延续前期的强势上涨，而是出现放量快速拉回现象，并以全天次低点收盘。这说明主力的卖盘已经在投资人疯狂的追涨之中悄然出现了；虽然买盘数量很多，但主力的卖盘更多。阶段性巨量不仅导致股价上涨的减速与停顿，而且最终引发了新一轮调整的开始。

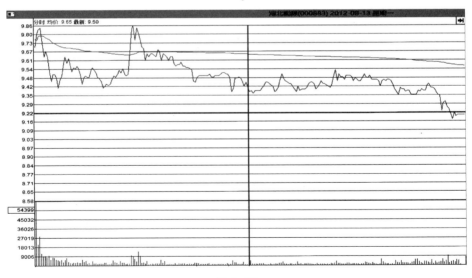

图 4-28

因此当股价由缩量急升转变为在高位出现巨量阴线时，一定要小心顶部的形成。形成新高阴线的位置如果伴随着巨量出现，这种高点往往是股价下跌的前兆：放量高点确立后，下跌走势便出现了，同时后续下跌阴线的成交量也会呈现逐渐萎缩的态势。量能逐渐萎缩，说明主力已经在高点成功完成出货。主力出货完毕，下跌自然而至。在放量高点形成以后，湖北能源的股价在这一天便以低点收盘，只有在放量新高处及时清仓的投资人才能够确保收益与回避风险。

图 4-29 是春晖股份（000976）2012 年 6 月到 12 月的日 K 线走势图。图中显示，春晖股份的股价在 2012 年 7 月 31 日探出阶段性低点 2.96 元之前，出现较大幅度的下跌走势。股价连续下跌使得盘中的投资人都处于亏损的状态，怎样才能及时回避股价下跌的风险呢？投资人一定要在盘中借由技术方法回避。股价在中期下跌的过程中，成交量始终没有出现放大，

图 4-29

说明资金不认可当前的低点买位。而没有资金入场进行积极的操作，下跌走势就不会很快结束；即使出现弱势反弹走势，反弹结束以后，股价仍旧会以较快的速度向下跌去。在股价持续下跌的过程中，成交量始终处于缩量状态，说明在股价下跌时根本没有资金在盘中进行建仓操作。主力没有在当前区间建仓，便意味着底部不在此处，因此股价必然还会在后期展开下跌的走势。虽然股价较长时间的下跌让投资人感到恐慌，但是任何事物都必须服从辩证法——否极泰来，跌多了就要涨。股价持续出现缩量下跌，不断萎缩的成交量不仅使深陷其中的残存主力资金不能自拔，而且随着股价绝对价位的降低，必然会吸引场外资金积极介入。

从图 4-29 可以看到，春晖股份的股价在 2012 年 8 月 3 日出现涨停板的走势，这是一种强势的盘面现象。无论在什么行情下，能出现涨停走势的个股数量依然是有限的，说明涨停走势不是大众走势，而是一种少数个股的独立行情。那么在这些少量的强势个股走势中，有哪些与众不同的技术特征呢？春晖股份的股价 8 月 3 日开高以后便出现短时间快速上涨的走势，随后虽然出现多次小幅拉回的走势，但是分时股价线拉回的低点却始终受到分时均价线的强大支撑，而分时均价线支撑作用是否强劲就是区别股价强弱的方法之一。

经过短暂的调整以后，股价午盘后再度展开强劲上涨走势。股价在此时上涨，分时股价线一口气不停地直冲涨停板，且在上涨的中途没有任何调整走势的出现，说明盘中资金做多的态度非常明确。资金大力度做多，股价又怎么可能不出现有别于其他个股强势的上涨走势呢？同时在股价上涨的过程中，成交量虽没有出现放大迹象，但股价强势上涨已说明主力刻意拉抬倾向极其明确，所以此时的缩量调整是最好的介入机会。成交量减

小说明主力没能够出货，并且缩量前成交量也没有明显放大。虽然目前没有资金入场，但只要主力没有在这个位置出货，后期必然还会有上涨走势出现。

图4-30显示，8月3日春晖股份收出缩量涨停后，连续又出现四个涨停板：前三个是开盘便涨停的缩量大阳线，第四个涨停板不仅带极长的下影线，而且量能急剧放大。图4-30分时盘显示，8月16日股价是开盘涨停，但盘中多次被巨量卖盘打开。结合前期三个无量涨停阳线可以得出，这种操盘手法是主力迫使场外资金追涨而刻意布下的局。前三个涨停板主力没有给投资人留下任何逢低买入的机会，想要买入春晖股份只能在8月16日涨停被打开后进行追涨。其实主力不给投资人低位置买入的机

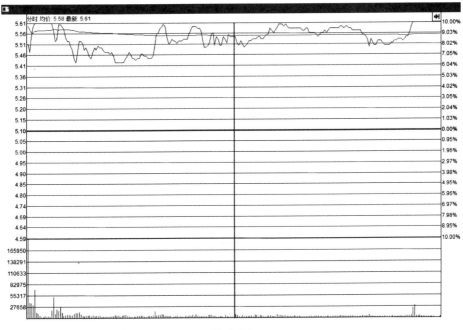

图4-30

会，就是为了让投资人在高位买进；高位买的人多了，主力的出货自然就可以顺利进行下去。8月16日这一天，成交量呈现近期巨量，股价虽然是以红盘涨停作收，但如果此时是主力拔高建仓，那主力也太傻了，采用这种方式建仓，持仓成本会有多高？既然不是主力建仓，那就是主力希望透过快速上涨吸引投资人，从而出货。

2012年8月17日春晖股份收出一根带长上下影线的大阴线，量能也大幅放大。但次日股价开盘后，经过小幅震荡便展开一轮大力度的上涨走势，在短短几分钟内，就大幅上涨5％。虽然在上涨过程中成交量不断放大，但这不是主力在建仓，因为如果主力这么做的话，必然会使持仓成本提高，而对后期的操作造成很大障碍。主力不是在借助股价拉升进行建仓，那么此时的放量上涨又怎么解释呢？合理的解释就是主力在透过快速放量上涨吸引场外投资人买入，一旦大量买盘入场，主力便可以成功地在高位完成出货。

其实，像这种连续涨停板之后，股价巨量打开涨停板，最终又以涨停报收的情况，多半是主力出货的表现。就像图4-30所示，全天股价大部分时间都没有在涨停价位停留，只是尾盘强行拉至涨停，说明主力在这个位置并不是想要更多的筹码，而是在吸引之前想追进而又因为一字涨停无法进场的投资人。

大家设想一下，巨大的涨停板封单有谁会有能力打开呢？答案只能是主力，散户哪来这么多的筹码？既然是主力才有这种能力，那为什么收盘还是封上涨停呢？是因为主力的出货还没有顺利完成。结果转天大幅低开并且剧烈震荡的表现就充分暴露了主力的真实意图。

如果这种T字涨停出现在低位，确实有可能是主力在震仓洗盘或者

想要更多的筹码，也就是市场中通常所说的"开闸放水"，但 T 字涨停出现在连续拉升之后，十有八九不会有什么好事，投资人还是"三十六计走为上"吧。

 我不靠天赐的运气活着，但我靠策划运气发达。

从图 4-31 看到，早盘 10 时左右，盘价封在涨停的位置上，创出了新高 5.73 元。股价在涨停的位置上承受两次被巨量打开的压力，对此，投资人一定要记住，只有主力的巨量资金才有能力将涨停板打开。因此这种封至涨停以后再次打开的走势，必然表明主力在进行出货操作。短线个股的

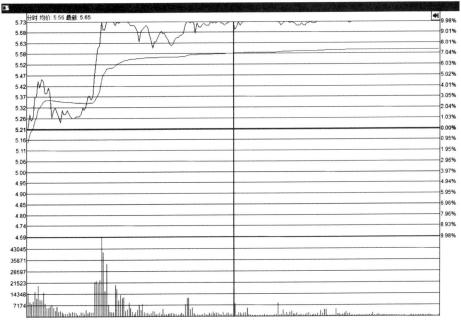

图 4-31

顶部从量的角度分析比中长线个股容易，中长线个股放量现象多半以高位堆量的方式出现，而短线个股集中放量滞涨，却可以给投资人留下足够的分析或出货时间，从而帮助投资人在更高的位置卖出。

图 4-32 是同方国芯（002049）2012 年 7 月到 11 月的日 K 线走势图，图中显示，同方国芯的股价在 2012 年 7 月之前出现一轮连续上涨的行情。在股价上涨的途中可以看到，成交量始终没有出现明显放大迹象，说明主力的持仓量很大，只需要使用很少的资金便可以推动股价上涨。面对这种上涨量价配合，只要成交量没有放大，投资人就可以安心地做多。股价的上涨走势不断刷新盘中新高，意味着目前盘中所有投资人都处于获利的状态，在这种情况下，主力有必要进行洗盘的操作，将低成本的获利盘清理出来。同方国芯的股价从 7 月上旬开始便出现长时间的箱体震荡走势。一般来说，股价在某一个区间内停留的时间越长，在该区间囤积的资金数

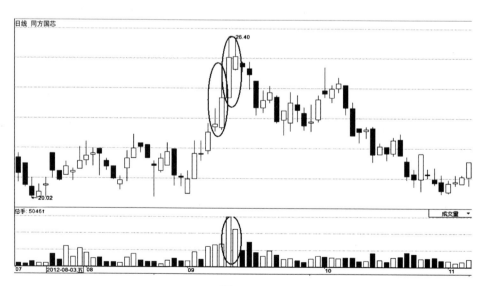

图 4-32

量也就越多，因此可以把这个区域称为资金的又一个主要成本区。从图4-32可以看到，由于7月上旬至9月上旬的箱体震荡区间是主力的又一个新建仓成本区，所以当股价完成突破以后，主力资金必然不会允许投资人再有好的低点买入机会，因此一旦股价拉回至成本区附近时，主力便会再度发动上涨行情，使得箱体区间的支撑发挥作用。

图4-32显示，同方国芯的股价在9月上旬结束调整走势以后，便出现凌厉的上涨行情：9月10日股价开低走高，单边上扬，很快便封在涨停板的位置。由于上涨是缩量上涨，且速度太快，根本不给投资人任何买入的机会，但是这种盘面异动走势却对投资人产生强大的吸引作用，谁不想买入一支开低后很快封于涨停的股票呢？越是买不到手，便越是会有资金进行追涨，而投资人企图买到股票的意愿正好被主力利用。在股价形成盘中涨停时，成交量出现急剧放大迹象，难道主力会在这么高的位置进行出货操作吗？显然是可能的。股票在形成涨停板不久，成交量便在涨停板的价格处密集放大，说明主力利用涨停板吸引来了投资人以后，进行积极地出货操作，因此才会在图中留下那堆密集放大的成交量。如果投资人在股价涨停时只对股价进行分析，而不对成交量的变化进行分析，又怎么可能会提前判断出风险的所在，并在后期的高点处及时回避风险呢？股价在9月10日最终以一根带长上影线的中阳线作收，并且盘中快速上冲过程中创出当天的最高价，但留下来的长上影线说明当天上档的卖压很沉重。高位带量长上影线是典型的卖出信号。

2012年9月11日股价故技重演，再次出现开低走高并快速封住涨停现象，所不同的是成交量在开低后快速上升过程中出现放量现象。股价冲至涨停的位置出现密集放量现象，说明涨停板的前后，主力开始大规模进

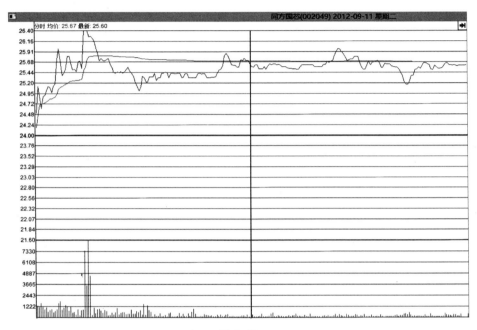

图 4-33

行出货操作。图 4-33 分时盘显示，分时股价线收于涨停之前强劲上涨吸引大量投资人参与。谁不会对一支不断上涨并且形成涨停的个股进行操作呢？但是主力就是利用投资人这种心态，顺利借助涨停板的掩饰完成大量的出货操作。虽然股价在巨量的推动下，很快封在涨停板的位置，但是涨停板很快被数量众多的卖盘给打落了下来。在涨停板被打开时，成交量再度形成密集连续的放量形态，说明主力在这一天利用涨停板出货的态度是相当坚决的。在主力不断出货的区间内，投资人还有必要继续持有手中的股票吗？

股价在高位连续两天以长上影线涨停的方式吸引场外买盘介入，股价在盘中快速冲高可以扩展主力的出货空间；有了足够大的空间出货，主

力出货就会变得较为顺利。另外，长上影线冲高也可以延缓主力的出货时间：股价的下跌是需要时间的，如果股价快速冲高，而后再下跌，就有足够的时间进行出货了。有了足够的空间和时间，主力的出货效果才会更好，因此放巨量的长上影线是盘中主力经常使用的出货 K 线。一旦放量高点形成，等于向投资人发出这样的提示：主力已经展开出货操作。上涨的顶部已经随着主力出货明显形成，这时投资人一定要在股价快速向下拐头时将手中的股票抛出去。从图 4-33 看到，9 月 11 日放量高点确立后，一轮长时间的下跌行情便随之出现。

图 4-34 是得润电子（002055）2012 年 6 月到 12 月的日 K 线走势图。图中显示，得润电子的股价在 8 月上旬站稳反弹之前出现一轮持续性下跌的走势。在股价下跌的过程中，虽然阴线的数量比较多，但是股价整体下

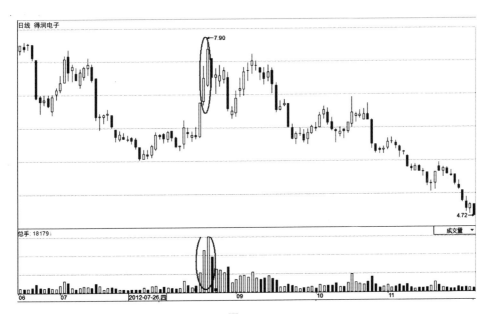

图 4-34

跌幅度不是很大，基本上呈现阶梯式下跌的态势。股价整体下跌力度小，整体跌幅有限，使得很多投资人无法顺利进行操作。股价没有进入超跌状态，什么时候才会上涨呢？如果股价能够形成快速且大幅的急跌走势，投资人的操作难度就会大大降低。从图4-34可以看到，股价在下跌时成交量没有放大，量能向投资人提示场内人气涣散，始终没有出现吸引视线的异动K线。虽然股价形成下跌，却是以跌盘的形式进行，整体下跌的幅度比较小，并且下跌的力度也非常温和，使得投资人很难判断股价下跌的底部到底在哪里。按照一般的量价关系分析达不到目的，此时投资人就可以借助短线异动K线的短线突破走势进行操作了。

从图4-34可以看到，得润电子的股价在下跌过程中，成交量始终保持萎缩状态。成交量长时间低迷，说明盘中根本没有资金进行建仓操作。在股价下跌趋势没有改变并且成交量没有放大时，投资人是不能轻易入场做多的。股价在8月上旬再次出现一轮弱势反弹走势，与前期的阶梯式下跌类似，本轮弱势反弹看上去同前期反弹性质没有太多差别。股价持续反弹至8月下旬。随着8月21日一根放量涨停大阳线出现，下跌趋势线被快速突破，这根代表大阳线的出现是得润电子自2012年5月7日10股转增10股除权以来收出的第一根涨停阳线。同时成交量在股价大幅上涨时形成放大的迹象，量能放大，说明主力资金开始在盘中进行积极建仓。在资金不断介入的情况下，股价必然会在后期出现连续上涨行情。由于成交量放大属于首次放量性质，所以这必然是主力资金建仓的信号，因此投资人在反弹初期就可以很轻松地判断出未来上涨的性质是放量反弹。

如图4-35所示，2012年8月22日得润电子的股价开盘以后，经过短暂的回探整理，便在成交量的推动下出现大力度的上涨走势。在股价上

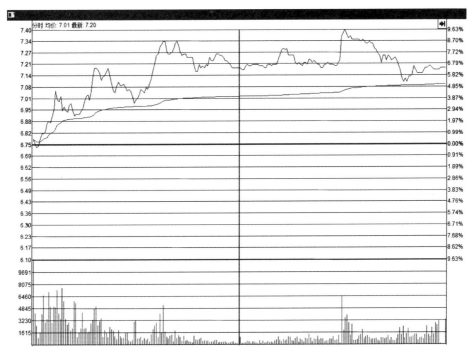

图 4-35

涨的过程中，成交量始终保持放大的状态，说明在股价快速上涨的过程中，主力拉抬股价的决心十分坚定。但是当股价经过连续上涨达到涨停板位置时，情况却出现变化：虽然股价封住涨停板，但是成交量却在涨停板的价位出现明显放大迹象。为什么在上涨时成交量较为温和，而在涨停的价位处成交量却异常放大呢？如果股价盘中的新高涨停是真实有效的突破，那么后期必然会有一波非常不错的上涨行情出现，但突破涨停走势仅仅维持几分钟，分时股价线便勾头向下重新快速拉回，这样的走势是假涨停突破最明显的技术特征。8 月 22 日盘中的涨停现象是典型的空头陷阱，在涨停板的位置主力进行了大规模的出货操作。分时股价线之所以强势拉升就是为了吸引场外投资人的视线，激发大家的参与热情，有谁会对短线强势股不感兴趣呢? 但是主力就是利用投资人这种情况下的心态，顺利借助 8 月 22 日这根盘中涨停价位的掩护完成大量出货操作。

图 4-36 分时盘显示，8 月 23 日得润电子的股价拉回之后，便出现了巨量上冲的走势，开盘形成这种快速上下的量价配合，往往意味着主力的资金在盘中进行拉高出货的操作。当股价上涨到第一轮高点出现拉回走势时，成交量也随之出现明显的萎缩迹象。成交量的不断萎缩，使得主力的出货操作受到很大阻碍; 在这种情况下，主力仍将故伎重演快速拉升股价以维持场中人气。散户投资人总是喜欢股价快速上涨，而不喜欢股价下跌; 只要股价下跌，投资人便不会轻易买入。

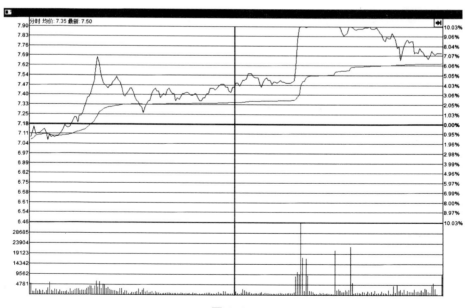

图 4-36

因此主力想要继续出货只要将股价推高上去便可以了，并且股价上涨的幅度越高，吸引来的买盘数量也就会越多！在股价到达涨停板位置时。成交量再一次形成密集的放大迹象，主力在 8 月 23 日开盘时的高点和前两个交易日便开始出货，那么在目前位置放巨量的高位绝对不是主力的建仓盘。借助短线强势涨停板的魅力吸引来的人气，主力毫不犹豫地加大力度出货。虽然股价形成涨停的走势，但没有影响资金离场。随着卖盘的数量越来越多，涨停板便打开了。

股价日 K 线图上的短线反弹位置越高，涨停板的打开便越可以证明主力在进行出货操作，同时股价波动的风险系数也会骤然增加，而股价后期的快速拉回也证实了放量反弹高点仍旧没有摆脱大的下降趋势。放量反弹高点的形成，除了成交量创下盘中最大的技术特征外，还有一个明显的特征，那就是股价在形成短线顶部前，其上涨角度和速度也是最快的，往往在短时间内就会出现加速上涨走势。

这一章主要讲述的是短线出现什么情况需要及时卖出。股市中有句话："会买的是徒弟，会卖的才是师傅。"从中我们可以看出，"卖"这个环节是多么重要。

其实，倒不是说"买"这个环节不重要，只要你能够买在低位，后面怎么卖都是赚钱。这里强调"卖"，主要是指出要在股市中获取财富，不但需要有赚钱的本领，还需要有防控风险的洞察力。我们生活中不是也有句话说"能挣的不如会省的"吗？

A 股起起伏伏二十余载，其中不乏令人难忘的大牛市，股民们欢呼雀跃的情景依然历历在目。但最终的结果是怎样呢？漫漫熊途最终还是把那些财富又悉数收回，股民们到头来只是空欢喜一场。究其原因，不是牛市中赚得不够多，而是没能躲过熊市的令人悚然的风险。所以，"卖"这个环节解决的是把账面利润化为实际财富，它的重要性也就在此。

对于一只上涨的股票或者指数，如果一直保持量价温和，就说明里面的筹码很稳定，多空双方保持着一种动态平衡的状态，股价也就会一路保持上涨。但如果突然加速上涨，或者突击放量，就说明多头的情绪已然过热，有最后疯狂的味道了。就像是一个长跑运动员在匀速跑的时候，就说明距离终点还比较远；一旦发力冲刺，就表明前方即是终点了。

另外，如果在大幅上涨之后出现短暂的回落，然后股价再次拉升，成交量却大不如前，就说明前次的放量冲高过程中主力已经开始减仓了，只不过还有一些库存压在手中，这次的缩量上涨不过是为了最后的清仓甩卖搞的"最后宣传"罢了。

总之，扬升的股价，就像是一辆已经加速飞奔的汽车，突然的加速以及突然的减速都会忽然增加行驶的风险，只有匀速前行才最安全，对汽车本身也是最有利的。我们操作时，对于涨幅已大的品种需要密切注意，一旦发现原有的运行频率与节奏发生突变，就需要高度警惕，因为风险来临的警报已经拉响了。

决定投资者命运的，不是股票市场，也不是上市公司，而是投资者本人！

第五章

牢记13种买卖点

市场中有非常多的关于股票操作的理论、战法等，投资者（特别是刚刚入市不久的新手）很多时候都会感到茫然，不知道从何学起，更不知道哪一种更适合自己。其实我们在实战中，最终要解决的不外乎两个最关键的字——"买"和"卖"。

这一章就是把市场中最常见的一些买点与卖点制作成固化的模板，虽然听起来有点儿形而上学的嫌疑，但对于入市不久的新手，能够掌握这样一套模板，至少在操作时不至于不知所措，更不会在该买进的时候去卖出、该卖出的时候却拼命抢着买进。

建立自己的交易模板

股价的变动虽然不会是简单的重复，但很多时候往往惊人地相似。如果能了解一些模式，交易的技巧将向前跨出一大步。我们根据市场中的老手和专业投资家们熟知并爱用的方法，进行总结归纳，并设计出让新手看一眼就能学会的图解。

当然，在实际的股票价格变动中，几乎不可能重复出现完全相同的变动模式，各个时期的主客观情况都不一样。这里简化出十三个交易讯号模式，主要是为了让初学者能相对容易地寻找到相应、有效的交易战略，如此，在股市实战中就能轻松地抓住交易的窍门。

投资人可以将这十三个卖点模式作为原形，记在心里。随着查看股价图积累经验，能够不断使自己熟知并善于使用不同的图形模式。操作股票赚钱其实并不像大家想象的那么困难，只要做好两件事就可以了。

1. 找出一套适合自己并且能够在实战中不断复制的交易模式。

2. 严格地按照这套交易模式去执行操作。

大家都喜欢四处去寻找、学习各种操作秘笈、各种战法，以期能够在股票市场中百战百胜。不要说这种东西根本就不可能存在，即便是真的存在，也不可能适合每一个人，更不可能适合每一波行情。就好比，再好的武器也不可能人人都使着顺手，也不可能适用于各种战场。

有的人适合做长线，能够耐得住寂寞、能够漠视每天众多涨停板的诱惑；而有的人却持股不过三天。这两种人又怎么能使用同一套交易模式，

又能够同时在市场中赚到钱呢？

对于交易模式，当然是要学习，并不断地在实战中去检验和修正，这是通过我们的不懈努力可以实现的。关键是能不能在实战中不折不扣地执行交易模式。再好的战法，没有铁一样的纪律来约束也是毫无用处的。就像一支完全由神枪手组成的队伍，没有严格的纪律约束，也打不了胜仗。

纪律这种事情只能靠自己不断训练和修为，我们这里介绍给投资者的只是一套套经过实践检验的交易模板，想必其中会有适合您的一款吧。

买，卖，停损与交易计划

了解了图表模式后，投资人就可以按图索骥，总结起来就是要认真地计划好三件事：（1）股价形态变这样后就是"进场点"；（2）股价上涨或下跌到这里就是"停损点"；（3）股价形态变为这样就是放弃"停损点"。其中，就数停损点最为重要。

无论多么有效的进场信号，其中也不乏"假象"的出现。遇到这种情况，买进股票后如果一直持有，可能会导致损失扩大。因此，为了将损失限定在最小范围内，需要一定的措施，这就是设定停损点。

除了进场、止赢和停损这三个点的具体思考方向，在实际交易过程中，还要根据实际情况随机应变并进行修改，因此，需要设定交易计划。

交易计划必须认真执行，但事实上执行起来非常难。要一个有情绪的投资人机械地照着图表买进、卖出并停损是"理想状况"，当人坐在计算机屏幕前面看着不断跳动的行情或是处在噪音四起的证券公司营业大厅中时，其所作出的判断很容易受到环境的影响。所以，这一方面是需要时间的磨炼与情绪的控制，另一方面，也可以试着用网络交易软件把前一天制定好的交易价位设好，目标是让交易能根据既定计划按部就班地得以进行。

在测试交易系统时，你要相信未来的
走势也许会改变，可是人却永远不会变。

从交易到获利的两个步骤

1. 熟记图表模式就可立刻应变

· 根据图表模式，从交易到获利的两个步骤

第一步　头脑里头要有图表模式！熟记了就能随机应变

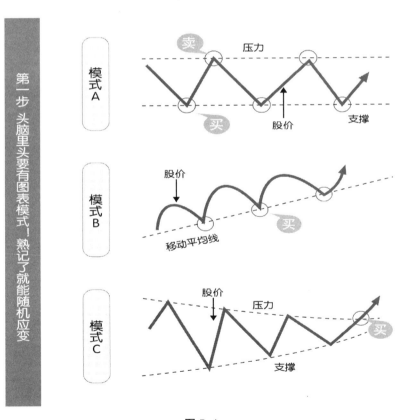

模式A

卖　压力
买　股价　支撑

模式B

股价
移动平均线
买

模式C

股价　压力
支撑
买

图 5-1

2. 套用模式，买卖不会自乱阵脚

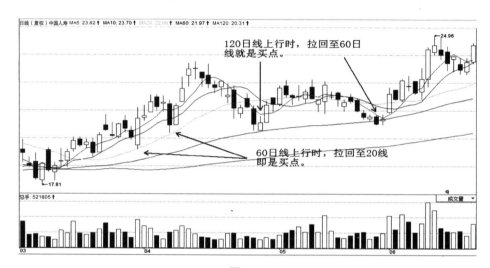

图 5-2

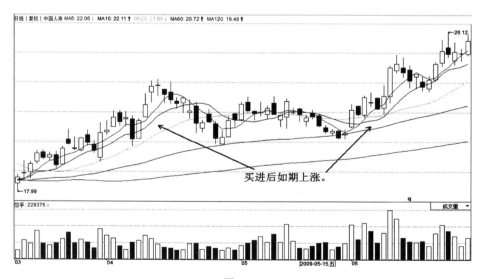

图 5-3

60日均线上行，拉回至20日
均线买进，等待再次上涨。

图 5-4

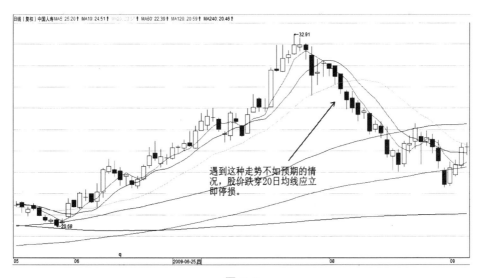

遇到这种走势不如预期的情
况，股价跌穿20日均线应立
即停损。

图 5-5

13 种买卖点模板

1. 上涨走势中，股价下跌至移动平均线——买!

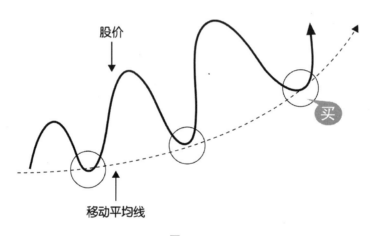

图 5-6

当股价沿着移动平均线顺利上涨，在跌到靠近移动平均线时，是买进的时机。在反弹行情出现后获利出场。

采用这种图形时可以根据自己的感觉，例如"如果下跌到这里，就让人感觉到走势崩溃了"，或者自己设定"损失在元以上"为停损点。我们的经验是将止损设置在这条均线之下。

为了让这个模式交易成功，最好寻找上涨波动反复出现的情况——反复出现从移动平均线上反弹，反复出现同样的偏离移动平均线上涨幅度，如此，胜算就更为加大。

图 5-7 是海螺型材（000619）2008 年 11 月至 2009 年 8 月的日 K 线走势图。图中 A 与 B 的位置，股价均回落至稳步上行的 60 日均线，并且都收出了底部的 K 线组合。随后均再次出现一波上涨。也就是说 A 点与 B 点都代表次要调整趋势的结束，从而股价再次回到上涨的主要趋势。

A 点，经过几天的杀跌后，股价沿着 60 日均线连续收出三根短小的星线，表明均线的支撑非常有效，股价止跌的迹象十分明显，为我们提供了充足的进场时机。

B 点，股价运行的结构就要稍复杂一些。股价震荡回落跌至 60 日均线后，收出了一根很不起眼的小阳线，但正是这根不起眼的小阳线，却形成了"穿头破脚"的底部 K 线组合，表明均线的支撑非常有效，次要调整趋势有望结束。另外，这个"穿头破脚"组合还与之前的低点以及两低点

图 5-7

之间的小反弹形成了"两低一高"，之后便走出了"两低一高过高"的筑底模板，又一轮涨升行情就此展开。

图 5-8 是海螺型材（000619）2009 年 9 月至 2010 年 5 月的日 K 线走势图。图中 A 点股价再次回落至 60 日均线，并收出了底部星线，再次为我们提供了进场时机。但这一次，股价并没有再创新高，而是掉头向下跌穿了 60 日均线。如果在反弹高点没有获利了结的话，此处跌穿均线应立即止损。

股价继续下跌至上行的 120 日均线上的 C 点，收出了"早晨之星"的底部 K 线，买进的机会再次到来。随后的反弹中，当初对股价运行多次起到支撑保护作用的 60 日均线在此时却成了反弹的阻力，反弹至 60 日均线可先行离场。随后股价在 D、E 两点双双轻踩 120 日均线，之后便再度

图 5-8

上涨并创出了新高。

新高之后，股价再度出现回落，并于 F 点跌穿了 60 日均线以及 120 日均线。而此时的两条均线已经不再像从前一样稳步上行了。随着上行角度的走缓，逐渐划出了两条无力的弧线。另外，F 点处股价又形成了"两高一低破底"的筑顶模板。不管是获利还是亏损，此处是一定要坚决离场的，因为股价运行的趋势很有可能就此发生转变。

2. 下跌触碰到趋势线——买!

下面要介绍的是股价反复沿着趋势线顺利上涨的模式。这种交易设定方式（止盈比例设高一点，停损比例设低一点）可以说是"以小风险换大收益"的模式。为什么这么讲呢?

首先，股价是以震荡的方式上涨，才会既有高点又有低点。有了低点才会由两个低点连成一条趋势线，这条趋势线就相当于行情的生命线。生

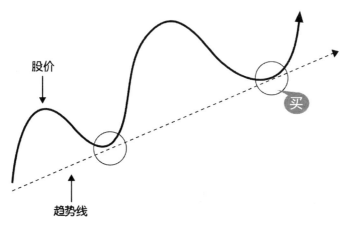

图 5-9

命线之上，股价就会以波段的方式上涨；跌破趋势线，上涨的惯性消失，上涨行情也就结束了。

既然如此，我们的买点与停损点设定的原则也就清晰了：① 跌至趋势线买进。如果行情能够保持之前的上涨惯性，我们就买在了波段的低点。② 跌穿趋势线停损。如果跌穿了这条生命线，上涨行情结束了，我们的买进自然也就是失败的操作了，就要执行停损。

做对了，能赚取一波上涨带来的利润；做错了，仅仅损失很小的比例。

图 5-10 是宝钢股份（600019）2008 年 12 月至 2009 年 7 月的日 K线走势图。图中自圈定的两个低点连成了上行支撑线后，股价分别于 A

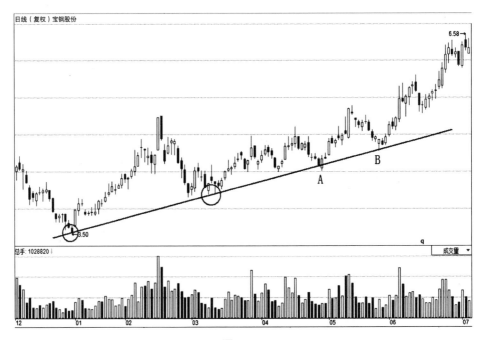

图 5-10

点和 B 点对当时的调整形成支撑。A 点的"穿头破脚"与 B 点的"多方炮"分别收出了关键支撑线上的关键 K 线，为我们精准地介入提供了强有力的依据与保障。当然，止损还是要设置的，这条支撑线是我们买进的依据，同样也将是我们止损的前提。股价一旦跌穿支撑线，就应该止损离场。

图 5-11 是宏达高科（002144）2012 年 12 月至 2014 年 2 月的日 K 线走势图。图中 A、B 两点连成了上升趋势线。股价 2013 年 11 月再度回到这条趋势线附近。关键的位置能否起到关键的作用呢？答案是肯定的。股价在 C 点应声反弹，并且再次向上刷新了高点。这个 C 点为我们提供了有效的买点。

图 5-11

在这种股价回到上升趋势线（也就是我们常说的支撑线）附近的情况下，是不是就可以放心大胆地买进，这种情况会不会有失误的时候呢？当然有，股市中根本就不会存在什么百分之百确定的东西。那么，我们又该如何进行操作呢？大多数的"专家"会说："设好止损！"没错，设止损是必要的。止损可以放在支撑线下方位置，一旦跌穿，代表支撑失败，必须认错出局。但我们为什么不再附加一些必要的条件，来提高这个买点的可信度，从而降低止损的概率呢？下面我们就把这个 C 点放大一些，看一看有没有可以提高买进理由可信度的细节出现。

图 5-12 是宏达高科（002144）2013 年 6 月至 2014 年 1 月的日 K 线走势图。通过放大一些的图表，我们清晰地看到，自 B 点开始的反弹（箭头所指的 W 阳线），一举放量突破了左侧的盘局高点，从而宣告阶段底部

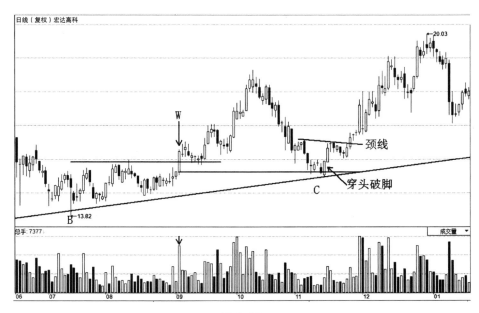

图 5-12

确立，股价重新进入到上涨周期。股价涨升过后，经过一段回调，于 C 点刚好触碰到上行的股价趋势线，并且这个区间恰好就是那个关键的 W 阳线的开盘价位，双重支撑在此位置重合，这个支撑被打上了双重保险，就看股价能否出现转折了。真是不负众望，股价一根穿头破脚阳线在这个双重保险的位置应声而起。至此，趋势线、关键阳线的支撑和具有转折性质的 K 线组合，三大理由共同发出进场信号。这个买点的可信度如此之大，我们还有什么好犹豫的，进场！

3. 窄幅盘整，变为向上突破后——买!

　　盘整，是指既不上涨也不下跌，保持上下浮动的走势。持续盘整后，如果行情向上突破，之后多半会进入上涨走势。因此，"盘整后突破"可

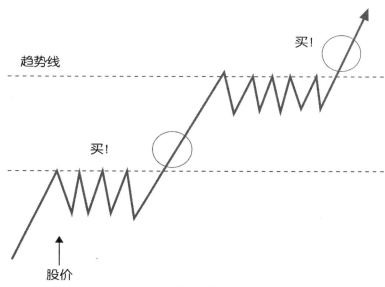

图 5-13

以看做是买进标志。此外，盘整时间维持越长，向上突破之后买进信号越可靠。但这种突破需要有成交量放大作为前提保障。

为了保险起见，股价上涨止损点位的设置应相应地不断提高。

图 5-14 是海欣股份（600851）2009 年 2 月至 8 月的日 K 线走势图。图中 A、B、C、D 四个框定区域是横向的盘整走势。它们的共同特征是横向整理的时候成交量相比之前的上涨阶段明显缩小。突破盘局的时候即可买进。

这种现象在实战中经常会出现。股价每上涨一段就要采取某种方式进行修正，有的是以下跌的方式进行回吐，有的就会以这种横向震荡（也就是我们常说的"以时间换空间"）的方式来消化获利盘。比起下跌的方式，

图 5-14

这种走势很显然要更强势一些。因此，在上涨趋势中发现这种横向缩量盘整的现象，一定要密切关注；一旦放量突破，也就意味着新的一波上涨开始了，我们要及时地跟进。

4. 三角形整理后，向上突破——买！

三角形整理是上有压力线和下有支撑线，股价上下振幅逐渐变小的模式。由于是循着三角形的形状波动，所以叫做三角形整理。

股价从三角形整理往上突破，之后多半都会持续上涨。因为这意味着买进卖出失去平衡，股价将朝单一方向大幅度波动，而向上突破表示上涨的机会来临。

三角形整理的形状也跟之前的横向盘整一样，时间长，形状收敛；变动安静后，伴随着成交量激增，图形向上突破，这也是非常可靠的买进信号。

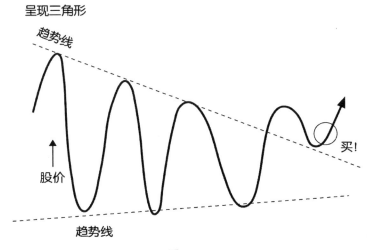

图 5-15

三角形的"高价和低价差额",加上突破点的价格,就是止盈目标位。

图 5-16 是航天电器(002025)2005 年 9 月至 2006 年 2 月的日 K 线走势图。我们从图中可以清晰地看到,股价在 2005 年 9 月至 12 月这一段时间的走势中,振幅逐渐收窄,成交量也逐渐萎缩,直至图中 A 点收出一根放量中阳线向上突破了三角形整理的上轨。而突破之后上涨目标也满足了三角形最大开口的理论量幅。

三角形整理属于中继整理形态,也就是说,在大多数情况下,三角形整理之后,股价将朝着原有的方向运行。之前是涨的,向上突破的概率就会很大;之前是跌的,向下突破的概率就大。只是突破的时候不要接近三角形的顶点,如果股价在这个三角形里面运行的时间过长,已经

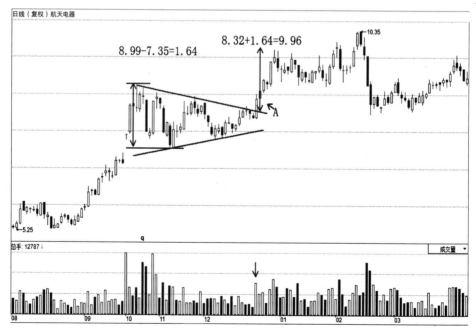

图 5-16

接近两条边交汇的顶点，那么不管这个突破是向上还是向下，其可信度都大打折扣。

5. 下跌走势下，股价向上突破压力——买！

以趋势线（压力线）为界持续下跌的股价，突然上涨并突破趋势线后，股价多半会转入上涨走势。因此，这个模式中，突破趋势线是买进标志。

但股价突破趋势线之后，通常会先跌一下。因为下跌走势持续的过程中，有部分投资人心理就是"太伤心了，跌那么多，等出现好价位就卖出"，因此，除了突破趋势线买进外，还可以考虑在突破趋势线后的缩量回踩处买进。这里的缩量回踩的买进目标可以参考重要的移动平均线。

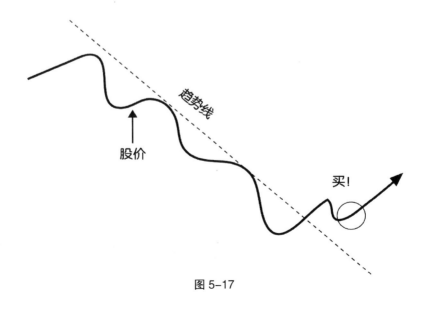

图 5-17

图 5-18 是科华生物（002022）2012 年 9 月至 2013 年 1 月的日 K 线走势图。我们可以看到，股价在下降过程中，始终受制于下行趋势线的压力，直至 2012 年 12 月 25 日一根放量的中阳线突破了下降趋势线的束缚，标志着下跌过程已经结束，此时可以顺势跟进。随后，长期受到下跌压抑的投资者终于可以有了逢高卖出的机会，股价也就相应地出现了短暂的向下调整，但调整的空间并没有多大，接着受到 10 日均线的支撑而反身向上，正式进入到了震荡上行的周期。

股价突破下降趋势线，代表股价运行所保持的一种惯性被打破了。这个惯性保持的时间越长，一旦被打破，所爆发出来的能量也就越大。换句话说，这条压力线有效的时间越长，一旦突破，股价上涨的空间也就会越

图 5-18

大。这也就为我们日常选股提供了一个简单有效的方法。下面我们就来看看当初的牛股是怎样突破压力线束缚的。

图 5-19 是华谊兄弟（300027）2009 年 11 月至 2014 年 11 月的日 K 线走势图。我们看到，自 2010 年 6 月至 2013 年 2 月，股价在长达近三年的时间里，一直受制于一条下降压力线。2013 年 2 月 4 日，股价终于突破了这道强有力的束缚，从此一跃而起，一支大牛股就此诞生了。

现在提起华谊兄弟，大家谁都知道是一支往日行情里的大牛股，可能有些读者也曾在一段时间内持有过。可是，当时又有多少投资者会判断出这只"疯牛"到底能有多么疯狂呢？而这条长达近三年的压力线被强有力地突破，又有谁会关注到呢？

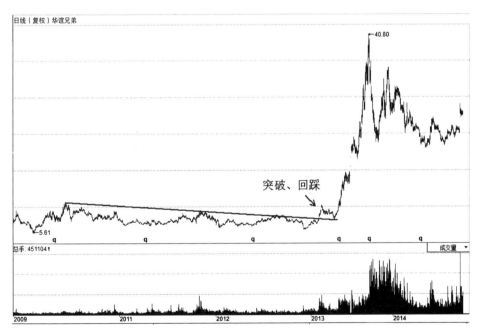

图 5-19

所以，牛股就在你身边！关键是你要具备找到它的本领。涨起来了，股价上天了，"老师们"才会提起什么文化传媒多么多么好。华谊兄弟在压力线之下蛰伏了近三年，那时候会有人关注它吗？当其强有力地向上突破时，所谓的"专家"不但不会提示你大胆跟进，可能还会因为短期涨幅过大提示你注意风险呢！

图 5-20 是华谊兄弟（300027）2012 年 11 月至 2013 年 4 月的日 K 线走势图。股价自 2012 年 12 月 3 日探出低点 5.9 元之后，便一路小阳线温和上涨，逐步逼近了下降压力线，这是股价以横盘整理的方式消化之前的获利筹码以便为日后冲关更好地积蓄能量。直到图中 A 点，一根放量阳线突破之前的盘局，宣告盘整结束，股价进入到下一个环节——上涨。既然答案已经揭晓，主力资金当然不会犹豫，也不会给太多人提供抢进廉价筹码的机会。转日股价便以跳空的方式突破了这条长达近三年的下降压力线。

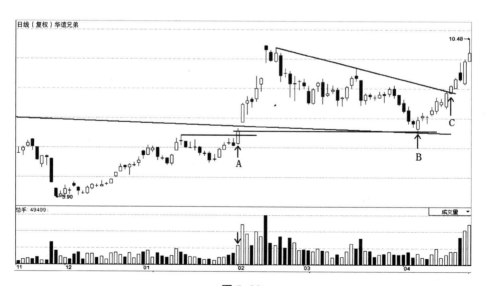

图 5-20

这时市场的目光不约而同地转向了这个传媒巨头，可主力这时却跟大家开了个不大不小的玩笑——回调了。紧跟热点追进的散户感觉自己又一次被骗了，反弹止损成为当时的主要策略。可是这个回调的低点 B 恰好落在了当初突破盘局 A 阳线的收盘价附近，既回试了压力线，还封补掉了突破压力线时留下的缺口，真是一举多得啊。再说，这条压力线如影随形地伴随了股价近三年，最后分手的时候怎么也得有个告别仪式吧——吻别！果然如此。股价从此便不再回头，C 阳线突破了短期压力线，表明这个短暂的告别仪式已经落场，鲲鹏即将展翅高飞了！

图 5-21 是烯碳新材（000511）2008 年 3 月至 2014 年 9 月的日 K 线走势图。我们可以看到，股价自 2008 年 3 月见顶以来一直处于下跌的熊市之中，

图 5-21

其间一条长期压力线把两个"山峰"连成一条直线，这条直线即成为熊市标志性的下降趋势线。一直到 2013 年 3 月，时隔五年之后，股价方才突破这条沉重的压力线。突破之后，股价并没有马上步入飙升，而是横向震荡了许久，随后突然向下破位暴跌，市场被这突如其来的下跌打得不知所措。但这个暴跌却不是肆意妄为，而是回踩至那条长期压力线后便反身而起。看来是同前文所述的华谊兄弟（300027）一样，也上演了一出"吻别"的好戏。

下面就让我们把这段好戏放大一些，仔细回味一下主力的表演吧。

图 5-22 是苏宁云商（002024）2010 年 8 月至 2013 年 12 月的周 K 线走势图。我们可以看到，股价自 2010 年 9 月以来，就一直受制于一条长期下降压力线。直至 2013 年 9 月，这条持续长达三年之久的下降压力线

图 5-22

才被突破。在 A 点处，大家留意一下圈定的两条周 K 线，一根带长上影的星线接着一根带长下影的星线，刚好落在突破点之上。两根如此形态的 K 线组合在一起，名称是"揉搓线"，代表市场处于一种犹豫的状态。这种"犹豫"状态若发生在低位，往往是启动之前的洗盘动作。而苏宁电器的这两根揉搓线刚好就起到了这一作用。股价经过一番"揉搓"，洗掉了意志不坚定的散户，随后便一路飙升起来。

图 5-23 是苏宁云商（002024）2013 年 4 月至 8 月的日 K 线走势图。我们看到，股价在突破之前，底部还走出了一个小的头肩底形态。突破这个头肩底的颈线与突破长期下降压力线竟然在同一时刻的同一个价位，盘中主力控盘真是个几何力学的高手——一次发力，两个收获。长阳突破之

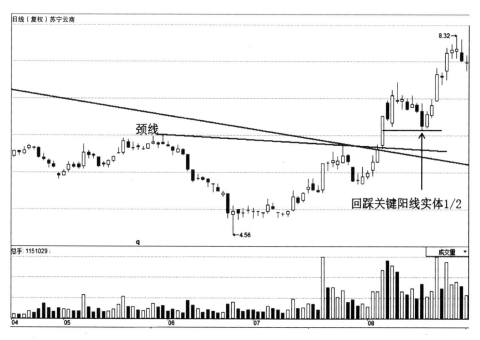

图 5-23

后并没有回来再踩，只是回吐至突破长阳实体的二分之一，便反身向上。主力如此性急，后期上涨的速度与幅度就可想而知了。

　　既然中小板中的第一权重股即将上演一轮飙升行情，指数还愁没有好戏可看吗？要么重点进攻中小板，要么干脆就直接攻击中小板 B 这只分级基金。中期的主战场以及战略目标就从这一只品种的走势中推演出来了。

📈 6. 变成箱体后——下限买进！上限卖出！

　　箱体模式是指行情在一定的价格水平（有人又叫股票箱）来来往往，形状非常简单。符合箱体模式的个股，可以为投资者带来绝好的买卖机会。

　　股价的走势除了上涨和下跌，还有一种就是横向震荡，也就是我们常说的所谓"趋势向右"。

　　不管是上涨还是下跌，经历过一段时间之后，趋势主动方的能量有了一定的消耗，而被动的一方在被动挨打的同时，也在暗暗积蓄能量，只是

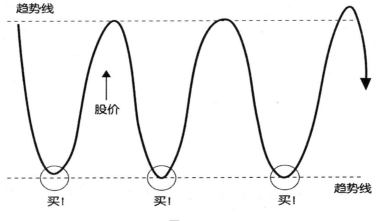

图 5-24

此时还没有能力全力反扑。这样，多空双方的力量就会在这里达到动态的平衡，体现在走势上，也就形成了一种上下震荡的拉锯状态。有的时候多方强势一些，股价就会向上形成一小波反弹；有的时候空头的力量强势一些，股价就会向下来考验下轨支撑。

这时，我们就可以利用这个短期内的多空力量变化，来进行"高抛低吸"的小波段操作，直到多空力量分出胜负，行情或者突破上轨或者跌穿下轨，我们便立即站在强势的一方，顺势而为。

图 5-25 是中国石化（600028）2012 年 8 月至 2014 年 9 月的日 K 线走势图。我们从图中看到，在 A、B、C、D、E 这五个区域，股价运行均走出了箱体形态。在箱体之中我们可以沿着箱体的上下沿进行"高抛低吸"

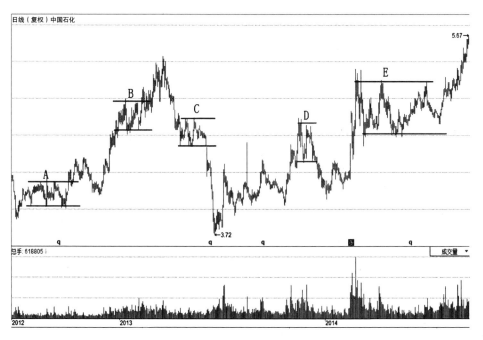

图 5-25

的波段操作。一旦向上突破，可以加码买进，如 A、B、E 三个箱体。但如果是向下跌穿了箱体下沿，就一定要执行止损策略，如 C 和 D 两个箱体。

如果在突破上轨的时候犹豫还可以接受，最多就是浪费掉了一次机会，不会对本金造成伤害；但如果是跌破下轨的时候犹豫不决，后面快速的下跌就会造成严重的亏损。所以，一旦触发止损，一定要当机立断。

7. 底价圈头肩底突破颈线——买！

头肩底是指股价出现三次低价且中间低价下陷最深的形状。低价圈出现，是强有力的打底信号，是准备上涨的模式。这样的模式买进信号是明显向上突破颈线处。头肩底的颈线是指连接头肩顶两次回升高价而形成的线。股价突破这条线后，可以看做是头肩底形状筑底完成。突破颈线后，

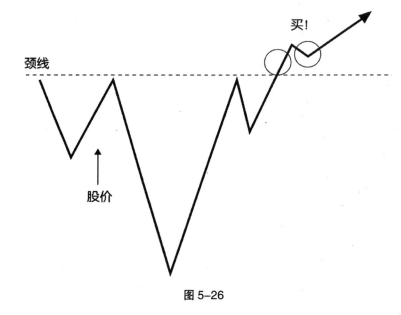

图 5-26

有可能会先回试颈线，若不破颈线，就可以趁低价买进。或者，买进目标可以设在突破重要移动平均线。头肩底打底的劲头很强，完成打底后若股价只稍微低于颈线，并不能说模式失败了。若行情确认为头肩底的形态，可以在回试颈线的时候分批买进。

止盈点是从突破点算起再加上头肩底最低价到颈线的高度。

图 5-27 是龙头股份（600630）2005 年 3 月至 2006 年 4 月的日 K 线走势图。股价三次打底，其中 2005 年 7 月的一次最深，并于 7 月 19 日创出 1.56 元低点。随后，股价震荡上涨过程与前次探底共同形成了头肩底的形态，最终于 2006 年 1 月的 A 点向上突破颈线，头肩底形态构筑成功。投资人可以在随后的 B 点回踩颈线时分批买进，坐享其后上涨带来的收益。

图 5-27

8. 低价圈 W 底突破颈线——买!

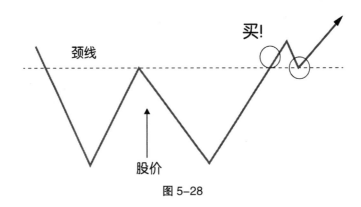

图 5-28

W 底是指形成两次低价的形态。在低价圈出现这样的形态,之后股价有机会转入上升走势。W 底模式和头肩底模式很相似,不过比头肩底模式出现得更频繁。

W 底也有一条颈线,是两底之间回升高点间的水平线。股价突破这条线后,说明已经完成了 W 底形状的塑造,此处是股价"打底、进入上涨走势"的标志。也就是说,突破 W 底的颈线是买进标志。

买进点是在突破颈线的位置,可以在稍高于颈线处做预约买进。确认了颈线突破后,还可以等待下跌回踩的买点,这时候的买点可以参考股价碰到主要移动平均线或颈线。获利了结点,在"W 底的上下变动幅度差加上颈线的股价水平"或者"前一次的上涨幅度加上最近的低价"。

停损,在下跌到 W 型态的中间价位。当股价下跌到这里,W 底模式很有可能已经崩溃了。

图 5-29 是潍柴动力(000338)2013 年 6 月至 2013 年 9 月的日 K 线走势图。我们可以看到,潍柴动力的股价于 2013 年 6 月和 7 月分别创出

图 5-29

两个低点，而且这两个低点的位置水平大体相同。第二个低点之后，股价便开始向上反弹，最终于 2013 年 8 月 12 日的 A 点中阳线向上突破了两个低点之间反弹形成的颈线。随后，股价围绕颈线做出了短期的整理。期间虽然曾一度跌穿颈线，但立即就被拉回，再度上穿颈线；而在此回撤的时候，却不再跌破颈线，而只是回踩至 B 处便展开上攻行情。这个 B 点就是绝佳的进场时机。止盈目标位即可放置于双底的理论量幅附近。

9. 跳空暴涨后，又跳空突破盘整——强力买进！

　　跳空是因为过强的买（卖）势力使得股价形成不连续的 K 线图形缺

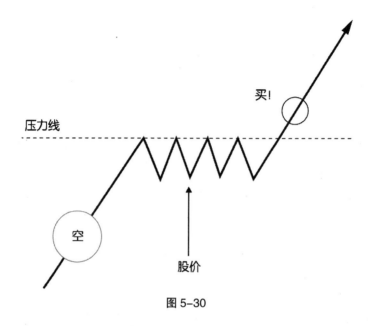

图 5-30

口。伴随成交量激增的跳空上涨，是买盘蜂拥而至所导致的结果，表示强有力的上涨势头。如果顺利抓住机会，短期内就能获得利润。但若判断错误，上涨能量没有持续，反而转为下跌，有可能股价会暴跌以填补跳空缺口。若跌到跳空的价格带以下，就将转为拖拖拉拉地缓跌。

出现跳空暴涨，需要观察之后的价格变动状况。

暴涨后如果出现盘整，等到向上突破盘整后，就是买进的标志。这是上涨势头十分强劲的模式，因此买进标志一出现，就有可能马上急剧上涨。至于上涨的幅度，可以是跳空上涨前的最低价到突破盘整平台之间的垂直距离。另外也要注意，这种跳空暴涨的图形最常出现在跌势持续很久之后的底部区域，而且整理平台的出现有时候不止一次，有可能会出现大大小小不等的整理平台。总之，在底部区域出现跳空上涨，且没有短时间回补，都是有行情可以期待的。

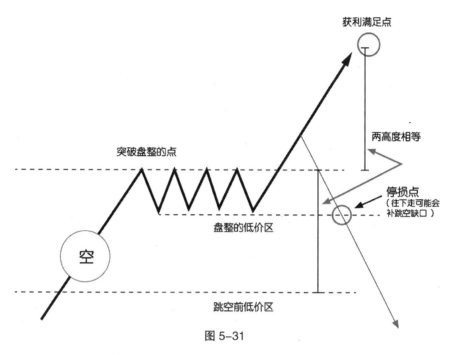

图 5-31

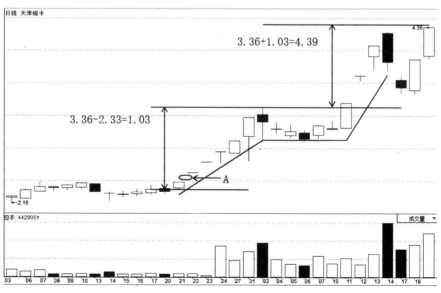

图 5-32

图 5-32 是天津磁卡（600800）2012 年 8 月至 2012 年 9 月的日 K 线走势图。正如图中所示，天津磁卡于 8 月 22 日图示 A 点，早盘向上跳空收出"一"字涨停，从此展开了一段短期上涨的行情。当涨升了一段时间之后，开始了为期五天的横向整理，并于 9 月 11 日向上突破了整理平台。此处即为快速买进的好时机。止盈点可放置在理论量幅的价位附近。如果向下跌穿之前五天盘踞的下轨，就需要止损离场。

10. 成交量激增，大阳线 + 突破盘整——买！

伴随成交量激增出现大阳线后并突破盘整的模式，与前面"跳空暴涨"很像。不过，相较之下，跳空上涨的势头要比出现大阳线来得强。

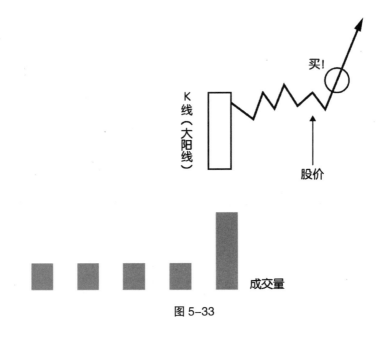

图 5-33

伴随成交量激增出现的大阳线，意味着买盘蜂拥而至。大阳线出现后，可以马上买进。不过，如果暴涨后立刻买进，有可能也会存在狂涨后暴跌的危险，或者是暴涨后再继续上涨的空间很小。所以，还是应该冷静沉着地应对。

如果等到急剧上涨后出现盘整，等于股价在暴涨后经过一番整理后出现突破上涨的模式，这时候基本就可以确定上涨走势开始了。所以，向上突破盘整是很好的买进信号。获利止盈与停损点见图 5-34：

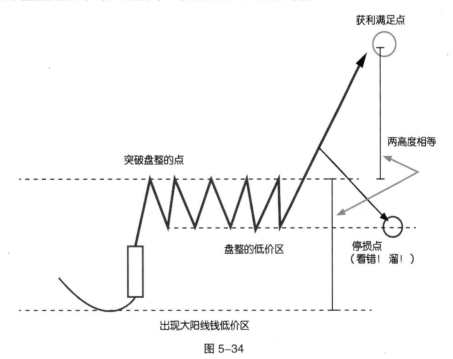

图 5-34

图 5-35 是莱茵置业 2000 年 1 月至 3 月的日 K 线走势图。从图中看出，股价于 2 月 15 日的 A 点收出底部启动以来第一根放量涨停阳线，从此开始了一段快速拉升的走势。上涨途中为期五天的横向震荡盘整过后，

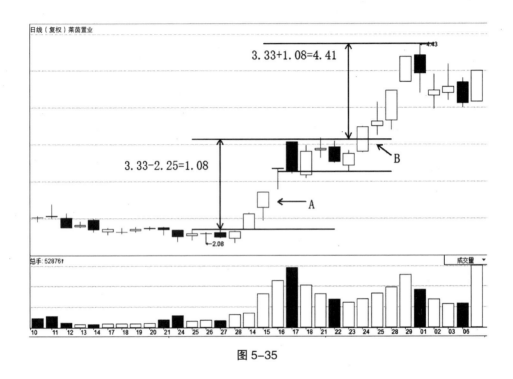

图 5-35

股价于 B 点的 2 月 24 日终于突破盘踞，向上突破，此时即为短线的快速
进场点。理论量幅即为 A 点涨停阳线之前一日的最低价与盘踞上轨之间的
距离加上突破上轨的突破点。此价位附近可设为止盈点。盘踞下轨设为止
损点，一旦跌破需止损离场。

11. 跳空下跌后，向上突破盘整——买！

前面提到"跳空暴涨"，此处是与之相反的"跳空暴跌"模式。

跳空暴跌意味着卖出蜂拥而至，还没来得及出现价格，就已经大幅度
下跌了。这是因为产生了强劲的下跌能量，使投资人信心崩溃，连续出现

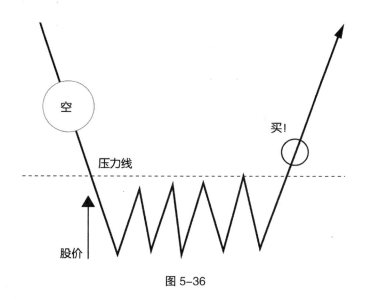

图 5-36

向下的跳空缺口。在低价圈出现跳空暴跌后盘整，可以把它想成没有信心的投资人在观望一阵后，一口气抛出所持股，使得下跌能量殆尽，出现打底形状。

但投资人要仔细看清楚暴跌后是将产生更大的下跌能量，还是下跌能量耗尽。跳空暴跌后，如果向下跌破暴跌后的盘整，很有可能会持续下跌走势。不过，如果向上突破盘整，以后也有可能马上上涨，尔后填补跳空。也就是说，跳空暴跌模式中，向上突破跳空暴跌后的盘整是买进信号。出现这个信号，股价有可能从这里开始回升，因此可以在向上突破盘整的地方买进。获利了结目标是填补跳空的价格水平，停损的目标是急剧下跌后的低价。原以为会上涨填补跳空，但却下跌至低于跳空后的低价，说明模式已经崩溃。

图 5-37 是苏宁云商（002024）2014 年 3 月至 9 月的日 K 线走势图。我们从图示中可以看到，苏宁云商自 3 月份开始下跌，连续出现三次跳空

日线（复权）苏宁云商

连续三个缺口

A

6.12

总手: 1367571↓

成交量

图 5-37

缺口，空头的气势真是恢复了啊。在探底 6.12 元之后，股价开始宽幅的横
向震荡整理，终于在 A 点突破了整理的上轨。但毕竟横向整理的时间比较
长，突破的有效性还需要进行一番确认。因此股价在上轨附近纠缠了一番
后终于正式走上反弹之路，向上去逐个"拜访"当初留下的缺口。

12. 持续下跌中，大成交量＋下影线——买！

股价跌到底将会反弹是股价的"习惯性动作"之一。当股价图出现带
长下影的 K 线时，表明下方多头开始反击，行情有可能要触发反弹。所
以，如果持续下跌后出现下影线可以看作是进入反转的信号。此时，如果
还伴随着交易量激增，那么作为反转信号更为可靠。伴随着成交量激增出

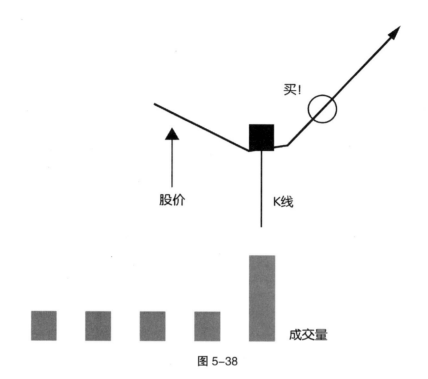

图 5-38

现的下影线，意味着抛售蜂拥而来，但能量被吸收，开始出现买进能量。

从以上内容可以得知，股价持续下跌后，伴随着成交量激增出现了下影线的形状，可以将其看做买进信号。确认了买进信号的第二天，可以买进。

止盈可以放置在前一波的高价处，停损点则在向下跌破下影线的最低点。

除了以上这个模式，相似的模式还包括将下影线由大阴线和大阳线并排的形状代替。

总之，暴跌过后急速反弹的形状是这类模式的特色。

图 5-39 是宏大爆破（002683）2014 年 3 月至 2014 年 8 月的日 K 线走势图。从图中可以看到，从 5 月初开始，一轮暴跌使股价几乎是毫无喘

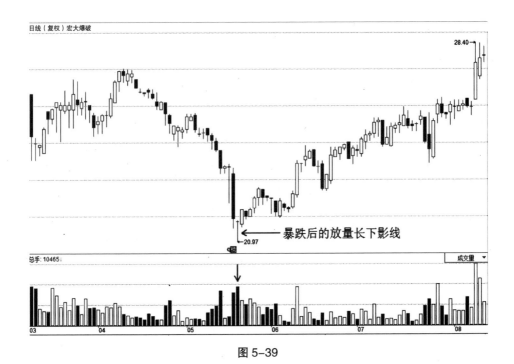

图 5-39

息地一路下跌，5 月 21 日当天探出低点 20.97 元之后，当天收出一根放量长下影星线，股价自此走上了反弹之路，至 8 月已经突破了 5 月开始暴跌的价位水平。

图 5-40 是天龙光电（300029）2014 年 2 月至 9 月的日 K 线走势图。从图中可见，股价一路跌下来，在左侧长方形提示框内的股价开始反弹。股价连续拉出小阳线，且成交量也温和地同步放大，分明是有资金在悄悄地低位吸筹。之后的下跌过程中，成交量迅速萎缩，大有洗盘之嫌。即便是再创新低的过程中，成交量也一直处于萎缩的状态。难道之前利用连续小阳线进场的资金就这样乖乖地被套了吗？当然不是，这不过是主力使用的障眼法，为的是把与自己建仓时同步进场抢反弹的散户清洗出去。果

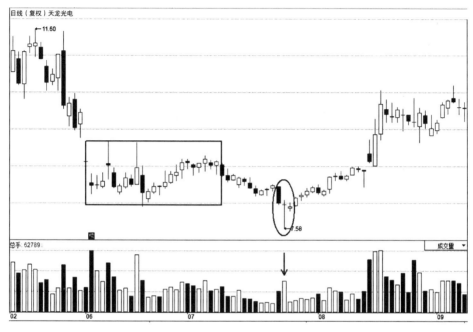

图 5–40

然，当股价探出 7.58 元低点时，成交量迅速放大。那是因为股价盘中已经跌穿了之前长方形提示框中的盘整低点，杀跌盘蜂拥而出。主力刚好逮个正着，于是股价被快速拉起，从此真正地踏上了反弹的征途。可怜那些低位割肉的小散户，再次落入了主力设好的伏击圈，在最低点交出了"带血"的筹码。

13. 长期势均力敌，突然带量上涨——买!

势均力敌是指股价上上下下浮动但总体持平的情况。股价变动逐渐缩小的势均力敌模型也是整理形态，包括原本股价上下的幅度很大，慢慢地

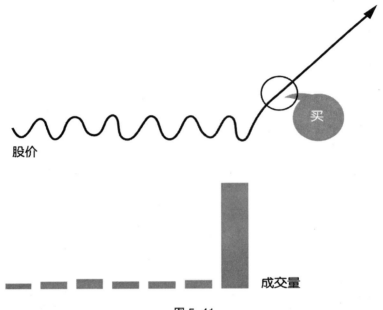

股价

买

成交量

图 5-41

上下震荡幅度越来越小的三角形整理形态。这种在一定范围内整理的情况跟势均力敌意思相同，交易模式也一样。

发现这种形态后，购买股票的好时间是突然上涨。也就是如果势均力敌一段时间后突然带量上涨时，就加入买方。

这种购买时机很容易辨别，股价超出往常的价位，量又比过去大，就可以进场买股票了。

图 5-42 是陆家嘴（600663）2013 年 11 月至 2014 年 11 月的日 K 线走势图。在这长达一年的走势中，股价一直在一个标准的箱体之内运行，表明多空双方长期保持在一种动态平衡的状态，也就是我们所讲的"势均力敌"。直至 10 月 29 日的 A 点股价以一根放量长阳终于打破了长期以来的平衡。随后，一只飚马诞生了，股价出现了连续放量暴涨的走势。

图 5-42

　　这十三个买卖点在实际的股价走势中都是经常出现的。读者只要将它们的模板熟记于心，在看股价图的时候是不难发现的。只是哪一支未来涨升的空间会大些，光记住模板是判断不了的，还要运用本书前面章节讲述的内容，再结合当时市场的关注热点所在，就不难筛选出潜在的牛股。

第六章

短线交易特有的交易策略

多数投资者都比较喜欢短线交易，认为短线交易可以立竿见影。特别是每天守在计算机屏幕前，不交易几笔就会觉得寂寞难耐。殊不知短线交易有其自身特有的交易策略与技巧，并不同于中线交易和长线交易。

但大多数投资人对短线交易的认知只停留在"快进快出"上，另外就是觉得短线交易对技术以及盘面感觉的要求要高一些，至于交易策略与一些需要注意的事项往往就被忽视了；于是长期操作下来，总是在赔与赚之间徘徊，收益的效果并不理想。

其实，短线交易需要关注的东西非常多，交易策略的制定也非常讲究。这一章我们就在这个方面与读者一起交流一下，希望能对您的短线交易有所帮助。

短 线 优 势

短线交易和一般交易不同，这里特别包含当冲到几天的短期交易方式，它有以下特点。

1. 下跌趋势仍有赚钱机会

短线交易最大的优势在于，无论行情处于何种状态都有赚钱的机会。以 2008 年下半年的金融风暴为例，全球股市跌得很厉害，即使找对好股票进行长期投资也很难赚钱。虽然股价在下跌，其实并不是直线下跌，仔细看一下会发现股价在反复上下波动。从短期的观点来看，即使整体是向下的，但有时候股价也有上涨。

而短线交易的股票投资方法，就是要抓住这种一波一波的上升局势，让投资无论处于什么样的趋势，也有机会一点一点积累利润。

2. 资金效率的优势

资金效率也是不可忽视的问题。

买股票如果所选的标的物有机会顺利上涨，倒没有什么问题，问题是一般的股票都处于盘整状态，如果进行长期投资，盘整状态中资金就像资金拿了把钥匙把它牢牢锁住，这就是问题所在。

一般来说，个人投资者能够用于股票投资的资金有限，当其他股票的股价上涨，可以暂时把盘整状态中购买股票的资金挪到形势较好的股票，

这样就可以提高投资效率。

3. 复制经验的优势

从另一面来说，短线交易也有利于投资经验的积累。

对于股票投资人而言，尽管投资期间长短不同，但应该掌握的知识大体相同。通过短线交易能够快速积累较多经验，这对于理财计划较具积极性。

4. 控制风险的优势

短线交易的风险可以限定在一定程度内，这是它的长处所在。

但因为短线交易的进出时点不完全根据公司的获利、营运成果等基本面，很容易给人"赌博"的感觉。但换个角度来看，在瞬息万变的产业与企业环境里，对于个人投资者而言，长期投资也有不容易把握住趋势的缺点。

需学习的基本功

为了从短线交易中获得利润，要在哪些方向努力呢？

1. 掌握基本面

股市暴跌，而唯独只有自己手中的股票持续上涨，这种情况是不可能发生的。因此，交易者需要预测市场的情况。

股市是经济的风向标，整体环境好，股价就会上涨，所以从大环境评估目前股票是处在何种市场氛围中是很重要的。此外，还有供需面与经济指标因素。而最重要的还是企业的基本状况，若企业财务状况不好，获利没有成长，也不应该列入短线交易的标的。

简言之，即使是短线交易，仍是架构在企业有潜力的前提下的。这些方面的信息可以在报纸等媒体或网络上迅速找到。同时，自己熟知的行业或企业以及自己亲身体会亲眼所见的东西也很重要。说不定有的信息在被媒体披露之前，自己就已经发现了。

2. 掌握技术面

再一个重要步骤是技术分析。

技术分析有很多图表、指标可以参考，要认真学的话，可能有数十种之多，不过，基本上只要懂得 K 线、移动平均线和成交量，接着再参考 KD、RSI 等常用的计量指标，就可以上场一试身手了。

技术分析的图表如实地反映了投资者的心理，尤其对进行短线交易的投资人来说，熟练并掌握它们非常有用。

3. 掌握资金管理面

最后就是风险管理。对于短线交易来说风险管理是最具挑战性的，它时刻挑战自己能否以健康的心态面对失败，当然还有成功时能否克服自满与骄傲。

经 验 法 则

　　短线交易时要抓住短期内的股价动向有重点地进行交易，所以需要事先详细了解股价动向。而大多数时候，股价短期动向跟企业本身长期的营运展望并不是很有相关性。换句话说，很棒的好企业未必就能让你在短线交易中因为股价的波动为你带来利润。因此，还必须看一些跟企业本身"体质"不相关的"技术指标"。

　　对于短线交易者来说，掌握即时性的各种信息对判断买卖点非常重要。投资人要在那么短的时间对不一定正确的消息作出反应常常得靠经验与运气，如果非常清楚这其中包含风险，它潜藏着很多不确定因素，那么对于一次两次的输赢就比较容易释怀。考虑怎样抓住短期内股价动向的同时，还需要掌握一些特殊的难以用数据归纳的现象。

　　（1）季报公布前行情变动很大，虽然"理论上"季报公布并不应该影响股价，但实际上一直如此。有人注意到了这一点，所以决定"季报发表前减少持股"。

　　（2）明显的利多不涨——跌；明显的利空不跌——涨。

　　（3）市场同时出现三条坏消息时，市场就会陷入"思考"停滞状态，甚至容易崩溃，这一点要牢记。

　　市场每天都在不停地波动，这样看来，好像短线的操作会有非常多的机会（特别是期货交易又是双边机制，更是每时每刻都存在机会），但是，如果从另一个角度来看这个问题，就会看到每时每刻也都存在着风险。所以，短线操作并不像想象中的那么简单，不是每个所谓的"机会"都能出手。

一位好的猎手总是先把自己伪装、隐蔽妥当，而当猎物出现的时候，也并非匆忙就扣动扳机，而只有在感觉胸有成竹的时候才会出手；特别是遇到凶猛的猎物时，草率出击不仅不能猎杀猎物，可能还会给自身的安全带来威胁。

做短线也是一样的道理：静静地观察、耐心地等待，"宁错过不做错"。

当冲，隔夜和过周交易

短线交易因为保留股票的时间短，即使遇到企业忽然传出业绩恶化或不可预期的国际负面事件，短线交易相对来讲风险也要小一些。本文所提到的短线交易可以分成下列三种模式。

1. 当冲交易

当冲交易这种交易模式可以看做是"冲浪交易"的极端方式。交易基本原则是顺着行情的走势操作——预测上涨买进、预测下跌卖出；可先买后卖或先卖后买，一买一卖在同一天发生。

2. 过周交易

过周交易是指3天到几周内的交易。其"作战"方式就是两种交易模式：第一种是"冲浪交易"，发现股价高于短期移动平均线的个股，在这种走势仍持续之前持续保留；第二种就是发现箱体行情，持续低买高卖的操作。

3. 过夜交易

"过夜交易"的股票保留时间为两个白天一个晚上，处于上述两种交易的中间位置。通过"过夜交易"可获得比"当天交易"更高的股价变动幅度。其战略有两种形式：第一种，上涨很厉害时买进并保留，第二天以较好价格卖出，这是"顺向"型。第二种，行情已经跌深，预测第二天即将反弹，从而买进保留，这是"逆向"型。

过了一个晚上再决定交易方向比起"当冲交易"风险可能会更高，但如果顺利，就能够捕捉到更大幅度的价差。

对于短线交易者而言，进行过夜交易或过周交易，都需要研判行情从下跌转换到上涨的个股或是进入上涨行情没多久的个股，这种方式也就是"顺势交易"——顺着行情"随波而上"。

采用顺势交易方式就是追随别人的买进而买进，这种方式听起来好像很没创意，但是股票交易不是比胆量更不是玩猜谜，除非你能左右市场主力，否则散户只能"尊重市场"进行顺势交易。

不过，也有一种特殊的过夜交易却是逆势型的，也就是趁着下跌走势大胆地逆势突击买进并快闪卖出，停留的时间通常不会超过两个白天一个晚上，看对还是看错都得快闪。

操作"逆势快闪"，首先得弄清行情是否出现暂时的暴跌局面。逆势突击需要运气与经验。经验上如果股票受到政治面利空打压时，往往会暂时不理会国际股市利多与否，个股也不会去管到底财报有多漂亮，总会"先跌再说"，而这就是投资人抢短线的好机会。这种交易最大的风险在于中间安插了一个晚上的空白时间，谁也难以百分之百地断言，就那么一个晚上不会出现强化坏消息的事情。

短线交易的三种类型

类 型	期 间	特 征
当天	一天	当天完成交易。即使收盘当晚出现诸如恐怖袭击等突发事件，由于已经完成交易，所以风险也相对较小。
过周	3 天以至几周内	辨认 K 线图形与移动平均线等走势线，进行"冲浪交易"以及持平状态下的"箱体交易"等，能够捕捉到一定程度的股价差。
过夜	一个晚上两个白天	前一天预测第二天的价格变动，并在第二天作出决定。包括顺着行情走势的顺向操作以及预测第二天行情反转的逆向操作。风险稍高，但能捕捉到比当天交易更高的股价差。

24 小时连续交易的时代

国际资金全球化趋势越来越明显，各国股市连续性持续加深，美国股市对中国股市的影响更不在话下。所以投资人要了解，现在是 24 小时连续交易的时代。国内市场下午 3 点收盘，接着是欧洲市场，然后是美国市场接二连三地开市；第二天一早日本股市就开盘了。

美国市场是在国内的凌晨这段时间开盘以及交易，所以当天的报纸不会有最快的讯息，但电视和网络则会出现即时讯息，英文能力好的投资人，可以上网查看当天美盘最新的即时行情与财经新闻。上班族虽没有办法一直看盘，但早上的晨间新闻也会出现前一天深夜美股收盘的行情。

美国的三大股价指数当天行情对第二天一早我国国内股票市场有很大影响。

道琼斯（Dow Jones）指数：这是世界上最有名的股价指数，历史已经超过100年。它仅仅采样30支股票而已，但这30家公司全都是世界知名的企业（包括通用电器、可口可乐、波音、麦当劳与国际商用机器公司等，都是道琼斯工业指数的成员）。

一般提到美国的股价指数，若没有特别说明大都指道琼斯指数，但道琼斯指数取样少，因此很多人不认为其具有代表性。虽然如此，道琼斯指数仍然还是一个极具影响力的股价指数。

纳斯达克（NASDAQ）指数：跟国内的加权股价指数一样，它是综合性的股价指数。不同的是，它的采样集中在计算机软件、半导体、网络、通讯以及生化科技等与高科技有关的各种板块，算是高科技产业最重要的指标。其重要性在于其不但与国内电子股联动性高，全世界的科技股都受其影响。要预测国内当天电子股是涨还是跌，这个指数是一定不能漏掉的。

标普（S&P）500指数：它是由权威的史坦普公司选出美国各产业最具代表性的500家公司所编出的指数。这500家公司是美国上市公司市值最高的前500家，其份量自然不在话下，故S&P500指数是全球基金经理人必参考的重要依据。

摆 动 交 易

　　股价大幅上涨不会轻易来临，通常只会小幅度上下浮动。本书所提的短线交易重点就在于在变化幅度不大的行情中如何掌握波段行情进行交易，这种方式本书给它取了一个名字——摆动交易。

　　股票保留的时间越长不确定性越大，但是，策略性的保留反而是保证获利的方式。总之，如果采取短线交易就不可能几天不去看行情，投资人得时时留意盘面变化，随时进行明快的处置。

　　短线投资人虽然也会出现以"月"计的股票保留时间，但它跟长期投资的心态与方式截然不同，而且目标收益也不像长期投资设定的那样属于大幅度获利。其获利来源是捕捉行情一小段一小段的变动从而积累利润，并以现在的收益产生下一次的收益，就像滚雪球一样可以期待收益逐渐增多，也就是所谓的"复利效果"。

　　此外，在交易时机方面，短线交易也只在很明显的走势下投资（包括上涨走势与下跌走势）。如果行情呈现"风平浪静"，那么"休息"反而是最佳策略。如果能够在走势十分明显的行情下进行交易并寻找目标，就可以减小失败的机率。

　　"摆动交易"的两种方式，将在后面几节进行说明。典型的上涨走势开始后马上买进称为"冲浪交易"；而股价在一定范围内震荡，对这种个股进行的交易称为"箱体交易"。

　　随行情变动的不同情况分别使用两种方法，理论上几乎可以持续不断

地获得收益。

　　采用冲浪交易的策略模式，首先要选择股价可能出现大幅度波动的目标，其关键在于寻找股价大幅度变动的个股。简单来说就是需掌握住股市中"最热门话题的主角"。然后趁早买进与之相关的股票，并在股市"厌倦"这个"话题"之前卖掉它。

　　要小心的是，这种"人气股"行情往往来得快去得也快，如果发现得太迟，进场时说不定已经是套在最高点了。

　　股市就像时尚，人气来得快走得也快，同样一个"话题"最长只会在股市存在三个月，因此持有"人气股票"的时间不能太长。而要正确把握股票持有期间，就不能作为一个局外人袖手旁观，而要努力寻找下一个主角。这样，以一个月一个主题为基础，反复进行"主题冲浪"，是提高交易效率的有效方法之一。

摆动交易的两种模式

　　如何发现当时最有人气的股票呢？股市在每一个循环周期中都会出现所谓的"主流类股"。深入了解可以归纳出为什么在这个时间点上会

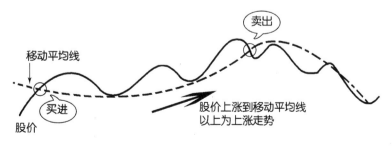

图 6-1

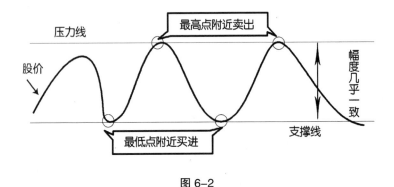

图 6-2

出现这样的主流类股。换句话说，只要深入了解循环的特性和各类股不同的特性，就能看清趋势，掌握主流。短线投资人若没能跟上趋势，没有买到"主流类股"，很有可能别人买的股票都在涨，自己买的股票就是不涨。

如何避免错失主流股的机会呢?

花功夫研究产业动向是基本功，不过，这种能耐的培养不是一朝一夕之功。虽然如此也不能凭感觉"猜"，最简易的入门法就是跟着主力走。

一般散户，"冲浪"请跟主力走。国内股市中的主流资金在市场上有主导的倾向:在操作股票的手法上，一般机构、大户偏向于短线投机与技术性操作;而外资则偏向以基本面选股做长期投资。投资人先有这样的基本概念，未来在选股时就较有方向了——不是你认为某产业是主流，就该是主流。

谁是主流? 主力"做"了才算! 所以，进行短线交易的个人投资者总是不能忽略主力究竟在做什么动作。

以下几点可供具体操作时参考。

1. 占大盘资金的比例

要成为主流板块，该板块个股资金应当是大盘成交量资金排名的前三名。

2. 个股成交量

成交量应在股市总体成交量排行榜前 25 名或 50 名以内。因为量是价的先行指标，有人气汇集就会成为潮流。

3. 融资融券的变化

涨势起初必然量价齐扬，融资（借钱买股者）多，就表示这支股票受到很多人关注，当然，站在空方的融券（借股票卖出者）也会认为"我就要等你涨多了以后，在大跌时赚一票"，所以融券也增多！

同一支股票有人大叫买进有人大叫卖出，是人气主流股的特色。

4. 基本面有利多题材

媒体、投顾以及新闻报道都在讨论什么呢？是新能源、文化传媒，还是旅游产业？ 是石油、软件开发，还是消费升级……

这些"消息"都搜集一些，哪一项最多，哪一项大约就是那个时段的热门股。不过，已经被当成像新闻一样追逐的人气股票通常已上涨一段了，追涨需要小心谨慎。

个人投资者最好是早一步发掘有业绩题材的个股并早一步卡位，这样获利就更可观了。

选时机冲浪交易

前文我们定义过，"摆动交易"大约是在三日以至一周内进行的短线买卖。不但买进与卖出的时间点决定交易的成败，心态上犹豫不决、太贪心和舍不得等也会导致对机会反应迟钝。

站上 5 日均线可视为涨势开始。短线交易不像长期投资，有业绩、本益比和股东报酬等作为进出基础，短线交易有点儿"各凭本事"的味道，但一般以 5 日均线为标准——股价站上 5 日线以上，可以看成是上涨局势的开端，可以在股价上涨突破 5 日线时买进，股价跌破 5 日线时卖出。

不过，只凭股价突破 5 日线，可能很难确认股价将进入上涨走势，可以配合"以长线掩护短线"的做法。例如先选择 13 周，26 周移动平均线上扬走势的标的，再筛选股价站上 5 日均线之上的个股，对其进行交易。不过这样虽然很简单好用，但因为常常出现得太晚，所以可以搭配常用的计量化指标 KD、RSI 进行综合判断。

我们知道，投资股市或者期市，最重要的是趋势。但是，日线有日线的趋势、周线有周线的趋势、月线有月线的趋势、分钟走势还会有分钟走势的趋势，我们要拿哪一个周期作为做单的指引呢？

当长一些的周期处于上涨趋势的时候，短周期可能正处于调整之中，当这个调整结束，长短周期将共同产生上涨趋势的共振，这时候短线做多效果是最好的。而当长周期趋势向下、短周期向上反弹的时候，这个反弹可以参与，但是你要清楚，这只是短期的反弹而已，遇到阻力就要及时平

仓。这也就是我们常说的"顺势而为"。

不管是什么周期，趋势的判断是非常重要的。而判断趋势最重要的依据就是均线的走势以及股价走势的状态。所以，当发现"低点不再，屡创新高"的状态，就是典型的上涨周期，相反则是下跌周期。另外就是均线一定要有明显的方向。当均线处于横向纠缠的时候（也就是我们常说的横盘整理的时候），就是股价运行过程中的无趋势阶段，这时是不宜做单的，因为市场在"犹豫"、没有方向，我们也就不能武断地替市场作出判断，而应等待市场自己作出决断之后再迅速地站进强者的阵营。

"冲浪"时参考的指标

投资人常常碰到的问题是，这个指标跟哪个指标所发出的"指令"不相同，甚至是相反。要解决这个问题，有赖于经验与对每个指标的熟悉程度。此外，就是把指标的参数尽量设定成与过去历史股价的波峰与波谷相接近的情况，用这种方法来判断走势。

应依操作策略的不同采用不同的指标。简言之，有些指标很敏感，可能一天内就传递出好几次买进卖出讯号，如果你心中的计划是要做大约一周的交易，显然这种指标就不适用了。若真要采用的话，就只有更改计算机设定的参数才适用。

又例如，你熟悉了某一种指标，在过去所操作的股票上准确度很高，但用在别的股票就"不准"或是出现反讯号；又有些指标在多头市场时讯号出现非常准，但遇到盘整期就"失灵"，遇到下跌趋势竟然"相反"。

毕竟，短线交易不同于长期投资，长期投资的话掌握大方向就可以，短线交易还需要较精准地掌握即时行情。

市场中有很多人常常一提到技术分析，就会想到技术指标，认为那就是技术分析。不错，指标确实是技术分析的一个重要手段，但绝不是全部，而是其中非常渺小的一个组成部分。因为任何技术指标都是根据开盘、最高价、最低价、收盘价以及成交量这五个数据，用不同的演算公式计算出来的。所以，一定是量价在先、指标在后。

因此，在使用指标的过程中要永远记住指标只是你的工具，千万不要做指标的奴隶。

至于指标参数设定问题，由于不同的品种在不同的阶段，运行的节奏与方式都会有很大区别，所以，"一招吃天下"的指标与参数是不可能存在的。特别是进行短线交易的时候，一定要提前熟悉一下某个阶段某个品种的"个性"与"脾气"。然后根据这个"个性"与"脾气"找出符合该段周期的参数以及股价运行的生命线，以指导我们的具体操作。

套 装 模 型

初学者在对自己的判断变得有信心之前，最好先尝试从短线和小额获利开始，比方说，把停利设定在 6％、停损设定在 4％。等有信心后，再逐步加大价差或重新拟定投资策略。

股票投资停利与停损计划对短线交易者尤其重要，因为对于短线掌握的股价"暂时性失调"的微妙波动，不能期待其出现大的价差，万一行情不如预期就要立刻停损。

1. 短线初学者模型 1——目标在两三天

（1）锁定市场上的中小型股且当时股价偏低。（中小型股主力容易拉抬，尤其是筹码不乱的个股，即使遇上市场大势不佳，主力也有能力把筹码买回，所以相对较不受影响；但若是大型股，遇到大盘卖压太重，大多数投资者想卖股票时，主力也可能跟着弃守）

（2）日 K 线的形态好。

（3）5 日、10 日和 20 日均线多头排列。

（4）技术指标强势，比方你可以锁定 MACD 这项指标，查看 5 分钟、10 分钟和 30 分钟的 MACD 至少有两个以上已经出现买进讯号的。

若能找出以上 4 种条件都符合的个股，只要大盘没有出现暴跌，通常可以有一小段行情。就算没有等到行情，只要设好停损点，损失也不会太大。

2. 短线初学者模型 2——目标为当冲

进行超短线交易的股票投资人，初期目标要放在收益超过"手续费 + 税金 + 融资融券的利息"。先过了这一步，再慢慢地练习把利润目标加大。

具体操作如下。

9 点 25 分集合竞价后，在 9 点 30 分查看 5 分钟内"成交量排行榜"与"涨幅排行榜"的前 10 名个股。9 点 35 分查看前 10 分钟内的两个排行榜（如前）的前 10 名。

选出前面两组均出现的个股，并再筛选出日K线与均线都呈现多头的形态，或者看起来正要转向多头且计量化指标（如 KD、RSI、MACD）也出现强势的个股。5 分钟、15 分钟和 30 分钟的 MACD 最好有一两项出现红柱，将这种股列入交易名单。

看盘以 5 分钟 K 线为主，当股价上穿移动平均线且移动平均线往上翻扬时，即为买点。

如果以当冲交易为主，这样的行情一天之中通常有很多次，可以配合分时图了解行情的方向性。趁上涨的趋势买进，出现目标价位就快速卖出。这种方式不能过于依恋行情，趋势一旦逆转就要卖出。

3. 短线龙头股的寻找方法

首先，如果大盘一早就出现大量并高开，一副要往上攻的架势，就要看 9 点 30 分和 9 点 35 分的涨幅排行榜中哪一类股上榜最多。比方说，数一数发现上榜最多的是电子股，再从电子股中的成交量排行去找，板块中成交量最大的前三名就是短线的龙头股，其也就会有行情。

4. 分钟 K 线图

短线交易（尤其是当冲交易）模式基本上和一般买卖模式一样，不同的是时间段更细，一般都会看分钟 K 线图。分钟 K 线图是指用一根 K 线表示一分钟或者 2 分钟等变动的 K 线图。虽然一般采用的是 5 分钟 K 线，可如果是价格变动很大的股票，用 2 分钟 K 线或者 3 分钟 K 线来分析也可以，重点是"这支个股的此时此刻，采用哪种分钟 K 线比较容易分析"。

股价涨跌的方式与形态千变万化，我们不可能做到对于每一种都能熟练地掌握。也就是说，不是所有的品种都能拿来作为操作的标的。如果更精确一些说，并不是每一只品种的每一个阶段都能作为操作标的的。即便是你非常熟悉的品种，它也不可能长期保持千篇一律的运行方式。

既然如此，我们的操作就不可能自如地去适应每一种运行模式的来回变化，只有建立起自己能够熟练掌握的一种固化模式，然后才能按图索骥地去逐一寻找符合条件的品种。

所以说，无论是短线还是中线或长线，重要的一点是做自己熟悉的品种以及采取自己熟悉的运行方式。但是，我们的这个模式需要得到市场的多次验证，才能逐渐地修正、慢慢地固化。一旦固化，就要无条件地去执行。另外，在诸多的市场品种中，只筛选符合这个固化模式的品种，而不要总是盯着热点。

热点当然要去关注，但这个热点的运行方式只有符合自己提前固化的模板，才能作为操作的标的。在这一点上，大多数投资人都不能严格地约束自己，这才导致长期以来短线交易的效果不是那么尽如人意。

利润一点一点累积

当冲，就是对同一支股票买进卖出在一天内完成的超短期买卖。完成这种交易用不到深奥的经济学理论或财务分析。简单来说，当冲就是依照盘面走势，在一买一卖中赚到差价。

拜网络之赐，股票买卖手续费降低了，加上网络证券提供的资讯工具很先进，所以即使是个人，也能在准专业的环境下进行当冲。虽然投资专家给当冲很多负面的评论，像是"只赚小利""赌博""投机主义"……甚至举出很多统计数据佐证当冲赚不到钱，但拥护当冲的声音也不少，最常听到的就是"今日事今日毕"，"不会一早起床突然听到像9·11恐怖袭击之类的事件，股票想卖都卖不掉"。

一位常年在股市玩当冲的投资人讲得更传神，他说："我只相信我所看见的，我不相信我所想象的。"当冲！就是这么一回事，不预估企业未来能赚多少钱，不预估股价会涨到什么好价钱，只相信眼前行情板上所告诉的。

就风险性而言，当冲交易称得上是风险较低的一种方法（以单笔交易而论）。买进的股票因为一天内就卖出了，所以即使看错行情，股价下跌的幅度也较小。股票买卖最可怕的事情就是在持有期间出现了不利的因素致使股价暴跌。不利因素一般都会在非股票交易时间公布。当冲交易因为会在交易时间结束之前即处理掉持仓，因此较少受到这一类因素影响。

但是，当冲投资人也不是没有敌人，最大的敌人就是投资人自己。"本来打算做当冲，但不愿意就这么停损了，再等等明天"，投资人一旦有了这样的心态就容易陷入"投机主义"而使损失进一步扩大。所以，随意变更买卖计划是很大的忌讳。

此外，当冲交易也会遇上在交易时间内出现不利因素而引起股价暴跌，或者有些本应当在交易时间结束后才公布的不利因素被提前曝光了而让交易者乱了阵脚。但是，这些风险可通过及时查看新闻快报来加以回避，而且如果有不利因素在交易时间内公布，当冲者因为一直在盯盘，有经验的人都知道应当马上抛售。从这个角度看，当冲交易称得上是终极风

险管理型交易。因为是累积小额利润的交易方式，所以交易成本相当重要，用一个简便的计算方式表示就是：每一笔当冲交易的成本是买入股票价格的 1.007 倍。所以应当靠着勤奋地看线图、找标的、盯盘，以一点一点不断增加获利的方式买卖股票。当然也不是只要勤奋就一定能赚到钱，好的情商、守规律、胆大心细，对新闻有敏感度，都是获利的因素。

对于当冲交易，很多投资者只要有一天不进行操作就觉得很不舒服。从理论上讲，在当日回转的交易制度下，每天盘中的震荡确实都能拿来作为操作的机会，但这些所谓的"机会"并不都符合我们预先固化的交易模式，可能只有一小部分符合我们的"胃口"，我们必须很好地"消化"它。

一些时候，投资人在做日内的短线交易时，突然发现行情正在朝着自己预想的方向运行，而且还是超预期地运行。这时，大多数投资人都会喜出望外，觉得自己就是股神，终于抓住了大黑马。于是本来日内赚个差价就平仓了事的操作计划就好像有点儿问题了，"再看一看，或许还能再涨"，"说不定能够涨停呢"，"这么涨一定会有内幕的利好，搞不好从此以后要拉出若干的涨停呢"等这些想法就会不停地浮现在脑海里。至于提前设定好的操作计划，早已经被抛到九霄云外了。

这种情况在很多时候都是事与愿违的，结果只能是空欢喜一场，甚至连起初的利润都被狡猾的主力收了回去。所以，只要预先设定好的操作计划，就要无条件地严格执行。不要因为市场的突发状况而"随机应变"。

换句话说，既然做的是日内回转交易，在有涨跌幅限制的市场里就不应预期有多么大的超额收益，而只能积小胜为大胜。通过日积月累的复利增长，资金同样能够实现快速增长。也就是说，当冲交易重要的并不是每一笔赚多少，而是成功率有多大。

因此，应注意提高成功率，保证每一次都能或多或少地盈利。而对于操作失误导致的亏损，则一定要严格加以控制，不能让亏损幅度任意地增大，要在错误刚刚萌芽的时候就当机立断地斩仓出局。

当冲交易者一天的时间表

上午 9 点 30 分到下午 3 点是当冲交易的时间，但投资人要做的功课远比长线交易者多很多，那么是想多赚那么一份钱该有的决心。

在前一天晚上，要看股价图和财经新闻，找出明天可能会发生变动的股票，也就是找出在股价图上出现转折点的个股；还有就是因为企业公布了新的好消息极可能人气高升的个股。此外，券商所提供的软件可以设定自选股，投资者应善加利用。

有不少当冲交易者每天晚上是利用看盘软件按上下键一档一档看图形找股票的，国内有上千支股票，他们就这样每天看一千多支。可见，要赚当冲的钱是很费苦工的。

一大清早美股收盘的结果和相关新闻是一定要看的，一边看就得一边定计划，例如"纽约道琼斯指数已经大幅度下跌，今天应该站在卖方；之前很有人气的股票，如果大盘下跌接近 20 日线，可能开始回升"等。在开盘前 30 分钟也一定要看比股市早开盘的日本与韩国股市，美国前一晚收盘对亚洲股市的影响可先以日韩股开盘做参考。

A 股开盘前一面要看 9 点 15 分的期指开盘，一面要拟定自己的交易

计划，因为开盘后你的想法会被盘面的波动影响，容易作出随机应变而往往是错误的判断。

交易时间终于开始了！对当冲交易者来说，开盘时是最紧张的，此时精神与体力都要很充足才能做出漂亮的交易。

不管对自己的体力多么有自信，如果在一天的交易时间里持续地买卖，专注力毕竟都是有限的，而且长时间地盯着计算机屏幕看，眼睛会很累。所以，在实战交易中，应当有集中注意力的时段和可以放松一下的时间段。

例如，交易最活跃、股价最容易发生变动的时间段是开盘后 30 分钟与收盘前的 30 分钟。这两个时间段往往决定当天股价走势。所以，除拟出自己的"作战"计划之外也要顾虑到作战时间。

当冲交易十分消耗精力和体力，因此讲求效率的"作战"最重要，并且要一直保持心情愉快才有足够的判断力。这一点跟其他股票投资人很不一样。

当冲交易者的一天的生活⋯⋯

	前夜　战斗开始 确定明天的"交易备选个股"	**搜寻股价图线**　技术线转强的个股，接近移动平均线和趋势线的个股，关注新闻和财报的发表。修正，国际新闻，进行候选名单研究，针对前一天的热门与主流找出当冲对象。
07：00	**起床** 开盘前的确认工作	**国际盘**　凌晨收盘的美股，日本、韩国走势，9:15 开盘的期货。
09：30	开盘	

续　表

10：00	开盘后 30 分钟最重要	**看板块**　比比看，开盘哪一类股有异常？要做到市场的异常一眼就能看出来。 **看领涨股**　谁领涨？密切关注同一"族群谁将跟上。 **运用开盘八法**　预测今日涨跌情况。有时空手也是一种操作方式
14：30	收盘前 30 分钟也很重要	收盘前 30 分钟，找可能在次日行情中出现大波动的个股；所以，这段时间要像开盘一样，聚精会神地投入
15：00	收盘 **收盘** 写当冲交易日志	回顾当天的交易。思考自己的预测、想法以及策略是否正确；如果错了，原因是什么。

开盘逆向操作法

短线交易一般采取顺势操作，也就是追求已上涨的股票继续上涨带来的价差。但有些时候也采用逆势操作法，也就是掌握住股价已经超跌的瞬间赚一小段。比方说，一只前一天处于跌势的个股，当天早上以比前一天更低的价位开盘，但开盘后不久股价就有实力上升到前一天的最低价之上。当股价涨到比前一天低价更高的一点时，这就是买进的位置，而符合这个条件的前提是，个股从日线来看处于强势上涨的趋势。在前一天的跌势中，投资人本来信心就动摇了，今天早上一发现开盘又以低价开出，"会不会一直跌下去"的不安让心急的投资人一口气卖出股票。但是，若

之后出现认为"股价其实是太低了"的买方投资人，其气势可以把股价拉到比前一天的最低价更高的地方，有可能会进一步吸引采取与狼狈卖出者相反战略的投资人，一起出手进一步推升股价。

短线交易事先要把精力集中在选对标的上，并做好下一步操作的计划，设定卖出时机（获利了结）和撤退点（停损点）。

一般买股票是"股价低时买进，股价高时卖出"。然而短线投资人得先假定股价短期内会朝着一定的运动方向前进，并借助过去股价的参考值，当研判行情走高，就站在多头的一方；假设股价在还没有跌破支撑线之前将继续朝多头的方向前进，那么，你所设定的"剧本"就是：涨到获利满足点获利了结；若是行情跌破支撑线以下，表示行情看错了，就撤退出场。这种预设上涨行情"落袋为安"、下跌行情停损出场的交易方式与

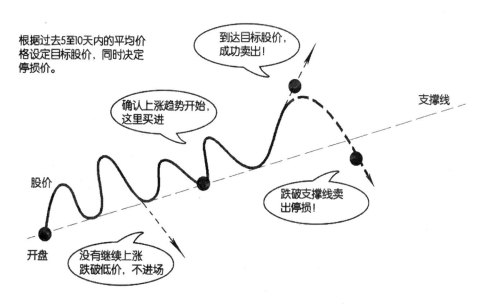

图 6-3

一般长期投资者"低买高卖"有所不同。

"转折点"是重要的判断材料。一般转折点以跌破最近低价的水准以及利用移动平均线为标准。短期交易总要能在进场前就想好退场机制，每个人都可以制定出适合自己资金退场的停损办法，最简单的有以下两种：（1）股价跌破 5 日移动平均线之下，在这个时候停损卖出。（2）如果股价下跌到最近的低价或者跌到支撑线以下，停损卖出。

基本面、技术面和市场反应这三方面指向一致的时候才是最安全的。

星 期 一 行 情

美国著名的短线交易人赖利·威廉斯（Larry Williams）发现了"星期一容易成为行情转折点"这个规律。

为什么星期一会跟行情有关系呢？因为跌势中，周一开盘的不安会加重。

赖利观察到，如果上一周股票处于下跌状态中，那么，投资人在星期六和星期天就会从电视和报纸媒体看到、听到很多专家带来的不乐观的评论。

记者们因为看到已经"跌跌不休"的股市行情，而他们的天职就是在这些已经发生的事后找出原因，在这种情况下通常偏向于曝出不利消息（利空因素）。如此一来，在跌势下本来就已经很不安的投资人，卖出心理更被煽动了。

假设星期一开盘就跳空下跌，从短期来看，出现这样的卖出高潮，之后反弹的可能性很高。在这种慌乱的卖出高潮后接下来的就是上涨转化的时机。

发现了股价这种特性的赖利·威廉斯制定了一套战略：如果星期一在低于上周低价处跳空开盘，行情在此之后反而上涨超过上周低价的话，就可以把它当做上涨转化的标志，买进。

这种操作方式不仅仅针对股票，包括债券和期货也都有相当的可参考性。

周一交易信号的模式，可以说是反映投资人心理特征的投影。

一般情况下，周末是总结与预判的时候。不管是针对消息面还是股价走势，投资人都会在这两天对上一周进行总结，对下一周进行研判。而这两天由于市场处于休市状态，投资人可以不受盘面走势的影响而作出相对理性的判断，从而制定出相应的操作策略。

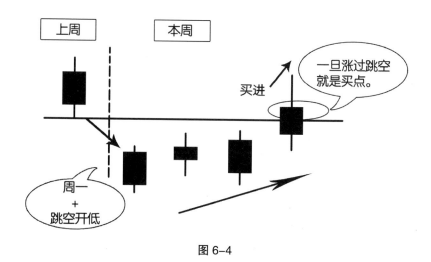

图 6-4

这一系列的周末总结和研判，都要在周一早盘加以体现。所以，周一早盘是最容易出现跳空缺口的。但跳空之后，如果市场反而出现与跳空方向相反的走势，并且能够封补掉早盘的缺口，则说明周末大家对于诸多因素对市场影响的判断出现了偏差，行情走势很有可能向着大家预判的反方向运行。这个时候，在进行短线操作时就需要及时纠正自己的判断，并作出快速反应。

> 你要慢慢变富，因为变富是一个过程。没有人愿意把变富当成过程看，大家都希望能一夜暴富，但很显然，这根本不切实际。所以我们还是要踏实、耐心地把富裕当成一个过程，慢慢来做。

快手快脚的下单

最叫上班族烦恼的是股票交易要耗费时间。但利用网络看盘、找股票、设定价位买卖，其方便程度几乎可满足所有需求。

1. 善用网络看盘选股

网络上有很多功能强大的免费股票软件，但既然要操作股票，最好是选择你所开户的券商提供的下单界面。如此一来从选股、看盘到下单可以一次完成。

当然，就功能而言，市面上付费的软件功能比较完整，但价格并不算便宜；除了一次性的费用，每月还需要付服务费。因此这类软件通常是股市操作很熟练的人才添购的"加强武器"。股市新人第一步只要先把网络、券商提供的免费界面的功能摸熟，其实就已经很厉害了。

各家券商提供的网络界面服务不太一样，但基本功能大同小异，大略都可以分为市场讯息中、技术分析和账户管理。从市场讯息中，投资人可以查看当天的国际行情和大盘指数等，而更实用的还有每天的成交排行、价格涨跌幅排行。

网络的账户管理功能，可以让投资人了解交易每只股票的买入价、卖出价以及佣金和税费。

除了方便之外，利用网络下单的手续费也要比现场交易低很多。对于短线进出频繁的投资人，虽然佣金不是什么大钱，但日积月累也是一笔很可观的数字。不过，不同券商的网络服务会有优劣之分，佣金便宜只是选项之一。

2. 适合当冲的网络下单

对于当冲交易（T+0）而言，"怎样快速获取信息"以及"怎么以最快的速度买卖"十分重要。所以，当冲要关心这方面工具的发展情况，以便获得最新最好的功能。

往常到证券营业部看盘，看到快速波动的行情，等到准备下单，自己满意的价位可能已经不见了。如果你是用网络下单的话，只要用鼠标在显示屏上点击几下就完成了。

对于短线交易者而言，重要的一点就是掌握瞬间行情与消息。要努力学习日新月异不断升级的网络软件，它们是交易的好帮手，而且能帮助你能更准确地掌握行情。

适合上班族的周交易

每个人都可以有自己的交易策略，有人认为买进基本面良好的股票长期持有才是王道；有人则偏好短线交易以赚取"低买高卖"的价差。以下针对一周交易型的投资方式进行说明。

1. 周交易重要的是交易计划

"当冲交易在时间上是不行的，但很想在短时间之内就得出交易结果。"许多上班族会有这样的想法，而适合这样操作的投资方式就是周交易。

周交易就是在周末研究并制定战略计划，在两天到一周的时间内完成交易。

对上班族而言，"平日里工作太忙，没有时间顾及股票"是共同的心声，但若采用周交易方式，应该做的事情几乎都在休息日完成，对上班族来讲它是很合适的投资方法。

周交易的步骤很简单：周末看股价图寻找出值得交易的标的，再利用手机、计算机或者电话下单。重点的是要事先规划好交易策略，而由于交易软件可以采取预约的方式，所以一边上班一边下单的问题几乎是不存在的。

2. 突破——买、跌破——卖的逆思维

周交易策略中要注意什么呢？

一般买卖东西一定是要便宜时买进，等贵的时候再卖出。可是，如果你采取周交易这种短线投资方式，则必须考虑到股价往往在越过转折点时才会出现买点，而要赚到价差就要在这个高价买点之后以更高价卖出。相对地，股价低过重要的转折点之后常会又创新低。所以，投资人要对这种股价向上突破时买、向下跌破时卖的思想逐步适应。

如此看来，基本面的知识好像周交易用不上，可事实上并非如此，基本面分析仍是股票投资的根本之道。平日里要找时间练习把一些基本的要素掌握好。

除非出现意料之外的消息，否则已经制定好的交易计划最好不要临时更改。

短线投资最忌讳的就是"再等等，看会不会又回来呀"，"不想损失，所以再降一降止损点吧"这样的想法。如果是出于这样的心理压力而更改计划的话，可能会使情况变得更糟。

所以应尽量避免因看错行情而更改计划。

周交易获利范例

进行周交易，休息日应尽可能用来制定买卖计划，而在交易时间就要灵活地使用下单技巧执行交易计划。在平时则要抽出"维护时间"，通常

股市聊聊吧

一天只要 10 分钟就可以了。

1. 注意"异常"变化

每天的维护工作最重要的就是关注股价图和新闻。借此评估这支股票是像起初设想的那样变动呢，还是出现了意外（意外的程度甚至会使你改变对这支股票的看法）。

如果所持有的个股出现了意外的新闻，就应该从根本上改变你对行情的预测，并对计划重新加以研究和调整。如果出现的意外是意外的利好，比如财报高于预期或股价走势比预期的要强，这时可以适当提高止盈点。反过来说，如果出现类似于财报低于预期这样不好的消息，一般来说就应该立刻站在卖方，计划一旦失败就要卖出所持股。这是短线交易的基本原则，也是稳定持续获得利润的基本要求。

另外，投资人也要注意观察，不好的消息出现在新闻里面，是才出现的"新"闻，还是行情已经反映过了的"旧"闻。有时，明明出现了利空消息，但股价却并未向下变动，这时反而要积极持股。显然，这已经是"利空出尽"跌到底的信号。

而另一个一定要每天看股票行情的理由是，如果你使用技术指标进行买卖，这些信号是随着行情每天在改变的，每天不看图是就无法判断该买进还是该卖出。

2. 如何避免意外行情发生

意外不管怎么说都是意料之外的事，所以基本上是很难避免的。

因此，平日就要对影响股价相关经济脉动的议题加以掌握。若不是很

熟悉利率、全球金融的相互关系等，建议可以向投资顾问咨询，或者订阅相关的财经报刊。

此外，对财报公布前持有股票要相对小心一些，因为如果财报表现不如预期，股价就会产生很大的波动。而当出现股价暴涨或暴跌、成交量骤增或骤减等奇怪的动向，以你的理解又找不出理由时，就要保守应对。

以上所述都要通过设置停损点或直接卖出手中持股来规避风险。

第七章

从初学到赢利

　　这一章，我们以第一人称的方式，向您讲述一位成功的投资者从入市时的一无所知到逐渐走向成熟，从赢到亏再从亏到赢的经历。

　　通过文中的"我"在股市、期市中成长的经历，向您介绍做一名合格的投资者，从交易技术到心态磨炼需要经历的一番过程。

　　通过本文的介绍，希望您能够与自己的投资经历加以对照，从中得到一些感悟。

初学者的想法

刚刚入市的时候，我还在公司上班，炒股只是因为有了点儿积蓄，看周围的朋友买股票赚了钱，就决定也投资一些股票试一试。虽然开了户、买了股票，但对股票是什么东西、该怎样去买和怎样去卖等诸多问题并没有什么深刻的概念。只是开始关心电视、广播、网络和报纸等媒体上关于股票的内容。

在股票市场中小试牛刀之后，有了一些感悟与经验，突然发现期货赚钱的速度会更快一些。虽然一开始已经听人家说期货是高风险、高回报的行当，但真的实际操作时并没有考虑到风险。那是因为一开始的时候可能操作比较顺手，有点儿信心满满的感觉，虽知道有风险，可是认为"问题不大"。

开始做期货时只是参考 5 分钟 K 线，但是并没有仔细进行过分析，只单纯根据从图表上看到的高低价做交易。比起 60 分钟线与日线，自己认为 5 分钟线可以看得比较细，同时又不会像 1 分钟线那样波动剧烈。

以 5 分钟线操作，一开始的效果可能会比较好，只要趁低价时买进，等到高点觉得有赚的时候就卖出。万一开始时的走势不如预期，只要忍耐一下行情就会涨起来。我甚至怀疑，为什么有人会那么笨，做期货做到倾家荡产。肯定是没有自己的情商高，乱做才会那样。

但是，这种幸运并没有坚持很长时间。行情下跌的时候没有及时止损，一来是抱着还会涨上来的侥幸心理，另外就是还沉浸在之前行情连续

你知道期货初学者的想法与投资方法吗？

期货初学者的想法 ✕	期货初学者的想法 ✕
追求以小博大	看5分钟K线低买高卖
只想做本金越小能获利越大的生意，就极力去追求那种高杠杆的交易方式。	以看得到的范围内的高地价为基准，接近低价就买，接近高价就卖。
运用高杠杆应该可以获得较多利用。	5分钟K线 卖出 买进

图 7-1

上涨的喜悦心情之中。可是，行情是不会同情、怜悯谁的。比如说 2008 年金融危机爆发引起的全球股市暴跌，上证综指仅仅用了一年的时间就从 6124 点一路暴跌至 1664 点。

这样一来，和大多数初入市的新手一样，不仅把刚刚赚到的钱又输了回去，还亏损掉很大一部分本金。这时候才想起"股市有风险"这句名言。

在期货市场的损失就更加惨重了。因为期货市场是保证金交易，杠杆被放大了很多倍，也就相当于在股票市场中把行情的震幅扩大了很多倍一样。况且，期货又是双向交易。有些期货公司用来招揽客户的话是："涨跌都能赚钱。"这句话说得一点儿没错，但还缺少关键的后半句："涨跌都可能会赔钱。"

寻找学习方法

　　经历过惨败之后，我选择了退出。因为自己知道，即便市场再涨起来，距离自己解套的地方依然比较遥远；也就是说即便涨了，与自己也没什么关系。这时候，我开始意识到了一个问题：做股票也好、做期货也罢，首先要学习的第一课是如何保住本金。而对于技术与操作层面来说，之前失败的原因是因为没有对市场走势进行必要的分析。同时，只依据新闻或者指标交易，那无异于赌博的操作模式，迟早会走向破产的，只是时间早晚不同。

　　在有了这一层感悟之后，我决定要好好地进行分析并且要有根据地操作。也就是从那时起，我开始认真地学习关于股票、期货的相关知识。第一步就是切实地分析图表并且把学习方向放在希望能从股价图中找到一些规律上。虽然我学习的重心放在股价图上，但我不再囫囵吞枣地只是看电视、听广播、看报纸吸收那些支离破碎的信息，我开始狠下心，买来一大堆有关股票的书籍，努力地学习。我觉得自己过去实在是太浮躁了，以为只是听听新闻、看看股价图就能赚大把的钞票。事实上，光要搞懂一条财经新闻背后的意义，就得下大功夫，绝不是表面上看起来那么简单。之前自己赚到的钱不过是恰好蒙到而已。

　　同时，我也开始加入一些网络论坛，了解其他人的操作手法，并且发现有许多人使用移动平均线——通过移动平均线可以很容易地发现买卖的信号。于是，我开始想要尝试这种方法。另外，我也用虚拟账户试着增

加自己的功力。但是，也许我这个人的个性使然吧，没有自己真实的资金在里面，操作上就变得很随意。因此，对别人来说可能先用虚拟账户"练功"是个不错的选择。可是对我来说好像完全无效。所以，我只做了很短的一段虚拟交易，就改用一面做虚拟一面小单实盘的操作了。这样对我来说，比较能达到训练与实际操盘相结合的效果。

那段重新练功的时间我花了将近一年。那期间，我一方面联系寻找行情变动的规律，一方面则持续使用移动平均线，渐渐地，我找到了一些移动平均线与股价变动之间的规律。例如，我发现价格在突破 20 日平均线或者 60 日平均线时，其向上的趋势会变强。另外，以 5 日平均线作为进场基准，胜率也会提高。

我花了一年的时间，用自己的方式研究、总结，等到验证没有问题之后才正式进场实盘交易。有许多人在还没有确立自己的交易方法之前就开始大肆操作，这样很容易导致失败。我很想以过来人的身份说，新手千万别跟钱过不去，与其先跌倒再从失败中学习，不如一开始先以虚拟交易与偶尔小单正式交易相结合开始，这样就可以免于拿着真金白银当学费了。

无论是股市还是期市，股价或者商品价格的波动会受到国际国内经济社会、突发事件等诸多因素的影响。所以想要迈进股票或期货市场，这个门槛还是比较高的，需要对于诸多因素都有客观的判断，这对于大多数投资者来说实在是太困难了。

但事实上，你成为市场参与者的门槛却是非常的低，只要拿着身份证开个户就可以了。这样一来，大家就像逛菜市场一样轻松地走进了投资市场。这也就导致了大部分投资人进场后都会蒙受或多或少的损失。

既然这样，大家出于对自己财富的责任感，还是在入市之前多做一些准备工作吧。就像一位战士，上阵杀敌之前一定要先熟练地掌握各种武器的使用要领，要刻苦地练习射击、拼刺刀和肉搏等技能，要掌握不同地形、不同气候条件下的作战技巧等，这样才能在实战中最大限度地保护自己、杀伤敌人。相反，如果这名战士一入伍就匆匆上阵，甚至连枪怎么放都不知道，估计他连成为英雄的机会都没有就光荣牺牲了。

做股票或者期货都是和以上一样的道理，必须在操作前苦练各种投资技能。然而令人惋惜的是，对于这一点，大多数投资人都没能予以充分的认识。

俗话讲："磨刀不误砍柴工。"当行情没有操作机会的时候，大多数投资人只是在一味地抱怨、叹息，却不曾想，这时候是最好的学习、总结的时机。只有在提前掌握了该如何去赚钱，当行情真正到来的时候，才能及时地把握住机会。但更令人惋惜的是，一轮行情过去了，听到的往往不是喜悦的欢呼声，而依然是无奈的叹息。

我失败的检讨

再次操作期货的时候，我借鉴之前失败的教训，制定了操作守则。上次严重的亏损，最大的原因就是抱着账面的损失不放。这种做法只要价格变动剧烈，就会马上被通知追加保证金甚至强行平仓。为了避免旧事重演，我决定只要出现账面损失就立刻进行停损。

而另一方面，由于账面很可能会再度出现利润。所以，我努力将产生利润的部分尽量不立即平仓。如此一来就可以达到损失小利润大的目标。

我的理想是希望只用三成的胜率来达到盈利的目标。

我只要与任何一位做期货的朋友谈到此事，大家都会嘲笑我。我现在与大家再次说一说"用三成胜率盈利"的想法。我也知道，大家一定无法理解这么低的胜率可以获利。但我的经验告诉我，任何的看盘方法与交易方式都不可能有百分之百的胜率。而投资人应该尽量让你的交易方法在即使只有三成胜率时仍可以获利，这样才合格。

再者，我分析认为之前亏损的另一个原因是仓位持有时间太长。我一开始操作期货时，经常持有两三天，有时还会更久。持仓久的缺点是无法紧急应对相关的消息面变化早晨的亏损，连带也使上面损失变大。尤其不能在看不出趋势的时候勉强持仓，这种做法很容易造成双重损失。

为了摆脱"初学者"状态，我采取的学习方向之二

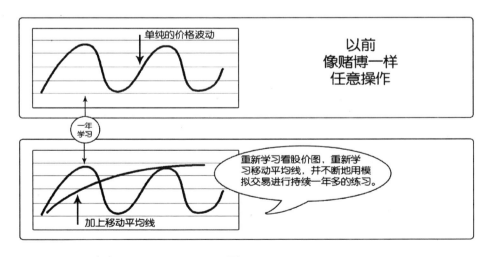

图 7-2

期货这种高杠杆的商品，在类似金融风暴或者欧债危机的时候，瞬间就可能大起大落。如果此时持有的仓单与变动方向相反，就会产生极大的损失。因此，必须时刻注意。原则上，我只要眼睛一离开股价图，就一定先将手中的仓位清掉，等回到计算机屏幕前再重新建仓。

一个人如果能够常常地反思，知道自己错在什么地方，就意味着他已经成功了一半；如果能够及时地总结经验、纠正错误，就意味着他已经迈进了成功之门。

可是，大多数投资人却忽略了这一点，对于自己之前的错误尽可能地忘记，不愿再提起；而对于以往成功的案例却总是念念不忘、挂在嘴边，这样一方面可以在周围朋友面前时时炫耀一下，另外也能够让自己重温一下往日的喜悦。这也就是为什么有很多的投资人，参与市场交易已有很长时间，但仍然不能有"质"的进步。

不管是工作、学习、生活还是投资，道理都是一样的，都需要我们不断地总结自己、修正自己，才能不断地进步。一种方法用在操作上，如果效果总是不理想，就不能再固执下去了，要及时地加以调整。市场运行的方式与我们的预判发生偏差了，就不能再固执己见，要无条件地顺应市场，及时地调整自己的心态，这样才能在市场中长期地生存下去。

不要把止损设在市场可能轻易到达的地方

该用多少资金操作呢

在期货交易中失败，除了自己之外，没有别人需要负责。但经历过一次大的失败之后，我觉得当年我的客户经理告诉我"保证金越多越好"这件事，实在是不正确的。更严格一点儿说，这可是导致大的失败的重要原因之一。

事实上，我曾经认为客户经理的讲法是对的。比如说，一张合约的保证金是 10 万，如果账面上有 30 万的话，万一行情看错，也不会立即被强行平仓。所以，客户经理建议转入的保证金越多越好。

用大笔资金操作相同的交易比起小额资金的确是不太容易被强行平仓。但是，资金多的话，在心理上就会比较容易放松，并且在账面发生损失时，很容易让损失的部分没有做及时停损，直到被强行平仓才出场。相对来说，用小额的资金只要稍微失败，就会被强行平仓，这样的紧张感其实会提醒投资者非常小心地进行分析。并且，投资人也会很自觉地因为自己的保证金很少，总会在慎重地判断之后才进场。万一进场或做错了，也会切实地执行停损，否则被强行平仓的危险性会很高。

从减少风险这一点来看，也许你会感觉应该要用比较多的资金进行操作才对。但是万一失败的话，从损失金额这方面来看，用比较少的资金开始操作，打击也会比较小。而我认为，用比较少的资金进场其目的也在于锻炼自己的精神，因为要确实地依照自己的方法适时地止损、进场需要有非常坚强的心态做保证。

期货致胜一定要改变的两个想法：

期货获利应改变想法之1
随时注意损小利大

以前大亏损时，不管账面损失扩大到何种程度都持续持有仓位。现在为了不产生大的亏损，对账面损失会马上做停损。

期货获利应改变想法之2
缩短持仓时间

持仓时间越长，就越没办法对紧急的新闻做出反应，所填要尽可能做短期交易。

图 7-3

有关资金管理

减少投资资金较佳

资金少的时候……

只要失误就会被强制"断头"，所以要很小心地操作（仔细研究后才开始操作，也可以迅速做停损。）

资金多的时候……

反正资金很多，大概操作就好了（因为存有侥幸心理，账面损失很可能不知不觉就增加了。）

图 7-4

脱离"初学者"状态后的投资方法

我重新开始回到期货市场，是用 K 线，同时配合移动平均线的动态来操作。目前我也一直用这个方法。这个操作方式需要掌握短期市场的动态，并快速反应，因此不需要进行基本面分析去看长期的动态。为了掌握一天的变化，我通常会利用 30 分钟 K 线与 60 分钟 K 线先画出趋势线，以找出大概的动向。

至于移动平均线，我会用 5 日均线、10 日均线、20 日均线和 60 日均线与 240 日线。但是在实际操作时，事实上我使用的只有前面三条，也就是 5 日均线、10 日均线和 20 日均线，至于 240 日线，我使用的目的只在于将其作为确认大方向的压力线或支撑线。

1. 分钟线

跟许多投资人一样，我也是从 K 线图来寻找买卖信号的，所使用的图表是 5 分钟 K 线。我曾经试着看过很多不同的 K 线图，就我的日内交易节奏而言，自己的一个心得就是：比 5 分钟 K 线短的话经常会误判，但比 5 分钟 K 线长的话周期又太长。

根据 K 线得到的买卖信号有两个：第一，是由 K 线看，在发生强烈的趋势时，之后产生十字线的点，我觉得那个点很重要。第二，当从 K 线图看时，市场正处在混战中，但却在混战中连续出现阴线或阳线的点，这个点，我也觉得很重要。

　　所谓十字线，就是开盘价与收盘价相同或非常接近，实体部分消失或很小，它的出现意味着上升与下跌的力道相互抗衡。举例来说，强烈的上升趋势时阳线一点一点变短，途中出现十字线的话，之后如果出现阴线就是卖出信号。这里要特别注意的是，我指的是在那种情况下十字线出现之后，紧接着出现阴线，这是一个卖出信号。

　　在这里，阳线一点一点变短也是个重点。在强烈上升趋势中阳线一直变短，行情一直向上推移时，一旦出现上升力量变弱，那就表示下跌力量

强烈趋势下的买，卖讯号

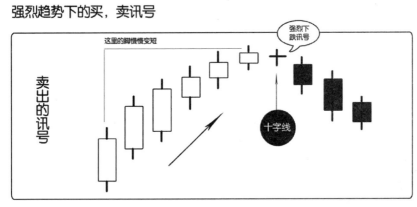

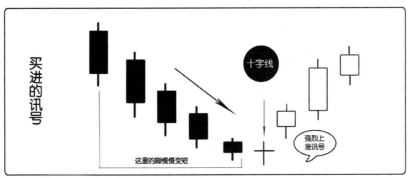

图 7-5

在增强。这个时候如果出现十字线，之后又出现阴线的话，可以判断下跌力量变强，是进场卖空的好时机。

相对地，在强烈的下降趋势中，阴线逐渐变短并连续出现，这时只要看到十字线且之后再出现阳线，就是买进信号。

再来谈另一个信号——我个人觉得是行情处在市场混战时有效的买卖信号，也就是当阴线跟阳线交互出现，看不出趋势，市场陷入多空混战时，如果连续出现两根阴线的话，就是卖出信号。卖出信号出现后的 K 线

市场混乱时的买，卖讯号

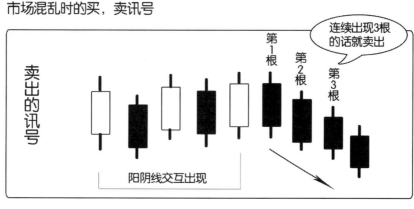

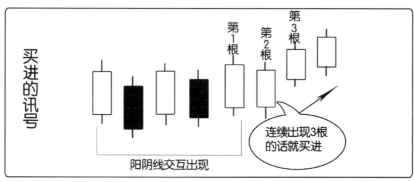

图 7-6

如果开始下跌，就是进场的时机。

多空混战时买进的时间点正好相反。也就是当阴线与阳线交互出现，看不出趋势，市场陷入多空混战时，如果连续出现两根阳线，就是买进信号。买进信号出现后的 K 线如果开始上涨，就是进场的时机。

用这样的买卖信号来进场的重点在于，确定第三根 K 线是阳线或者阴线之后再进场的可靠度比较高。

但是，任何方法只要是具有优点也必然会存在缺点，这个方法的重点在于第三根 K 线如果不是阳线或者阴线的话，之后价格变动可能变小。所以，我在这第三根 K 线已经朝我判断的方向快速移动时，就不再确定它是否是继续之前的趋势就直接进场，万一看错了就等机会出场；而看对了，就可以提前卡位，这样获利就丰厚多了。

进场的时间会影响到是否能够获利、是否可靠，所以希望大家能自己找出来进行判断。只要多尝试几次这样的方法，应该可以找出适合自己的进场时机。

2. 移动平均线

移动平均线的买卖信号我采用 20 单位均线与 60 单位均线的上涨与突破的时候。也就是说，以 20 单位均线、60 单位均线作为压力线与支撑线进行实际的买与卖。

具体来说，当上升行情中的 K 线要向上方继续挺进时，如果遇到移动平均线，出现压力就卖出；如果行情很强，向上突破压力线就买进。

相反，当下跌行情中的 K 线要向下方继续探底时，如果遇到移动平均线，出现支撑就买回；如果行情很强，向下跌破支撑线就放空。

这里要注意的是，若 240 单位均线与 60 单位均线很接近的话，即使 60 单位均线被突破的话也要先观察一阵子。

240 单位均线的作用是看强力的支撑线与压力线，所以即使 60 单位均线突破也可能在这里遇到压力。但是，如果 240 单位均线被突破的话就可以进场操作了。但是，为了提高可靠度，在双方都出现信号时进场会比较好。

3. 停损问题

停损点要看当时价格的变动而进行调整，而不能因为自己亏钱了才停损。原则上，我认为所谓的停损跟自己在什么价位进场没有关系，而应根据市场来判断。该是出场的时候就不要计较自己的成本，该出场时就出场。

买进的停损单可能会以高于市价的价格成交，而卖出的停损单则可能会以低于市价的价格成交。这时候必须注意，如果行情没什么波动或者行情波动剧烈时，有可能在上涨时忽然价格向下而造成强制退场。所以，投资人在操作时特别要留意，应该配合价格波动的激烈程度，机动灵活地调整停损位置。

另外也要注意，万一停损位置设定不恰当，也有可能造成很大的损失。

接下来我们要讨论如何在扩大利润的前提下设定停利的位置。

我的交易策略跟行情变化的快慢有很大关系，但若要讲一般性原则，可以在上升行情中等价格突破 20 单位均线时进场，在接近 60 单位均线时就先把第一个目标设定为 60 单位均线；等到价格触碰到了 60 单位均线之后，再看情况是要继续持仓以扩大收益，还是先落袋为安，还是要等到正式突破 60 单位均线之后再进场。这都是可行的方式。这里希望大家能自己找出适合的方式。

从移动平均线看买卖讯号

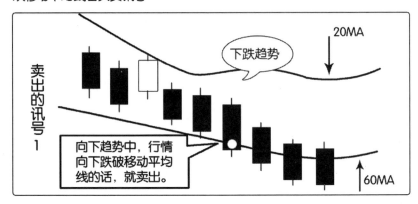

图 7-7

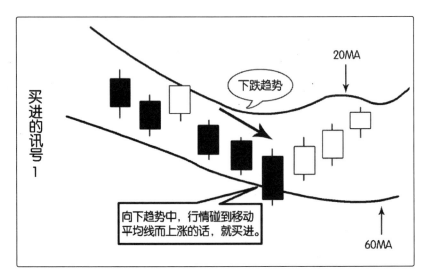

图 7-8

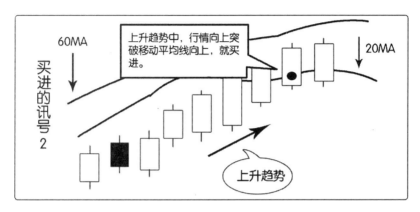

图 7-9

目前对于投资的想法

　　每一位进行期货、股票日内交易的初学者都想要马上学好获利技术，我当然也认为这非常重要。但我认为，操作期货最终能否成功，心态是最关键的。

　　首先，你应该想一想你进行期货交易的退场机制是如何安排的。也可以说，你的期货交易目标的终极点在哪里。

　　如果没有目标随性而为，赚了 10 万，就会挑战 50 万、100 万，然后又设定 200 万、300 万……如此，就会变成永远都没有止境的一味追求利益。

　　事实上，这样的想法是不合理的。因为期货毕竟不是一家企业，有相关的工作人员、客户一起成就某项事业。期货通常是单打独斗的，不要以为有谁可以像超人一样永远不断地操作期货。

另外，也不能太过自信自己的方法永远适用，也许某一天就忽然不再适用也不一定。那时候如果仍然固执地不肯变更做法，很可能就会将一直以来赚的钱都赔光。

因此，如果你一开始设定 200 万为获利目标，等到目标达成时就必须有停止操作的觉悟。另外，当自己的方法不再适用于市场时，若不找出适用当时市场的方法，也就可能赚不到钱。这时，为了减少风险，必须找出期货以外的赚钱方式。

毋庸讳言，当我重新再回到市场之初，的确也是用了五成以上的本金在交易，希望能因此可以赚到比较多的钱。但是，一面操作一面还是会担心如果再发生像 2008 年金融风暴那样的事件会失去自己所有的资产。所以，在操作比较顺利、比较有心得的时候，我反而越来越保守，心里想的常常是如何避免资产大幅缩水，于是开始考虑如何减少风险，并把操作资金的成数一降再降。

为什么会这样安排呢？这是从整体投资资金来进行考量，并且我也渐渐看清，自己应该随时保持"即使损失也不心痛"的心态。这样就可以管控住冲动的交易行为。虽然现在还没有练到很完全，但我把心态"淡定"作为自己的训练目标。当我看的方向是对的，交易就越来越顺手。没有看到可靠的买卖信号就不出手，而一出手就已经想好当所有钱在几分钟内被秒杀也无关紧要。

另外我想谈一谈有关"复利"这件事。

我一开始也是运用"复利"来进行操作，也就是把赚来的钱滚在下一个保证金中继续交易。但这是相当危险的。

所谓复利运用也就是将赚到的钱再作为本金来加以运用的一种方式。如果用复利这种方式的话，利益越大，每次可以动用的资金也越多。但一直用复利的话，收获变大的同时风险也变大。考虑到这样的风险，我强迫自己将可用的金钱额度固定，只要累积到一定的收益就将钱从账户中取出。例如，我的原始保证金是100万，当获利50万时，就把50万取出。不用复利，并且将钱从账户中取出，可避免资产一下子减少，不管再怎么赔钱，也会留下某些程度的利润在手中。

市场中的财富总是摆在那里，是永远也赚不完、也不可能赚完的。虽然每个人的目标是不一样的，但最好还是实际一些。记得小时候老师问我："长大想做什么？"我大声地回答："我长大要当科学家！"但当要从学校走进社会的时候，想的却是找到一个好的工作岗位——薪水能多一些、工作不要太辛苦。

小时候的回答太过于理想化，可能当时连什么是科学家都还没有概念。但随着自己不断成长，理想逐渐变成现实的目标。投资市场也是一样，理想可以有，但还是要先制定一个切实可行的短期、中期和长期目标。

另外，我们也应该清醒地认识到，事物不可能总是直线地朝着某个方向发展的，其间一定会有曲折，投资的过程也是一样。所以，当处于上升周期的时候就不要得意忘形；而当处于低谷的时候，更不能过于固执，这时候选择暂时离开可能效果会更好。

对现在投资者的建议

1. 一定要做停损

停损点的设定不能使让自己心痛到下不了手的程度。

设定停损点时，如果心中一直犹豫不决，就会永远做不了停损。即使有时候运气好，价格上涨并能得到利益，在尝到甜头之后，每次都重复一样的事情，这样就做不了停损，其结果就是一直抱着账面损失而最终被强制平仓。可以说如果没办法遵守自己设定的停损点，是没法在期货市场赚钱的。

2. 不管输赢都要保持平常心

当连续赚钱时，就会对自己的操作手法有了信心，而开始提高杠杆，希望赚更多的钱，用比平常还要多的交易进行操作，等等。最糟糕的状况是甚至可能转变成忽视自己的操作方法而依靠没有根据的所谓"第六感"。这样没有根据的操作方式也许会赢一次两次，但如果一直持续下去，从结果来看，将会产生相当大的损失。相反，如果持续赔钱，为了取回赔掉的钱，将交易单数增加，应该止盈时不做止盈，这样就会错过止盈的时机，甚至应该停损的时候也容易错过自己所设定的停损。

所以，为了要保持平常心，很重要的一点就是要决定操作的规则，譬如"每天最多操作几次"，"一天赚多少或者赔多少就不再进行交易"等。通过这样的方式将心中希望的一天最高收益或损失先设定好，才能确保平

常心。虽然可能经常被人说"决定一天只能操作几次"的方式有点儿"浪费",但自己心里要先想好,如果继续做的话就一定会赔钱。如果这样还冷静不下来的话,就先脱离股票或期货几天,去做其他事情或者彻底休闲,让自己平静下来。

3. 事先计算好止盈点与停损点的平衡

先引用个比较极端的例子来看一下。假设你设定胜率是八成,止盈点是 10 个点、停损点是 100 点,10 次交易之后会变成负 120 点,这样的交易策略是怎么都不会赚钱的,而且越到后来就越是"只要交易就赔钱"。

你或许会说:"有谁会做这种事呢?"其实真的有人会做这种事。而且我以前就做过,而且经常做。

小赚 10 个点就赶快跑,想要"入袋为安";而一直以为行情就要逆转了,不肯停损出场,最后被迫 100 个点停损。这样一来,即便胜率真的有八成,但是仔细计算损益的话就会发现并没有赚钱。

将胜率下调到五成,设定止盈为 25 点、停损为 15 点时,交易 10 次后计算出,可以得到 150 点的利益。止盈和停损点的计算不能光凭感觉,而必须仔细考量。通过这样的计算,几次下来就会知道可以获得的利益会是多少。这对于提高自己的获利能力非常有用,一定要切记!

对于投资来讲,心态是非常重要的。这一点大多数人都了解,但事实上却不是所有人都能够做到。很多人总是想着"卖掉的票又涨了起来","别人手里的票都涨了,为什么我的却不涨"等问题,这对于操作肯定是有害而无益的。我们要做的是,忘掉一切不愉快的事情,全神贯注地感受盘面的走势,从中觅得可靠的战机。至于那些失败的教训,要在交易之外的时间拿出来总结。

再者，如果手中的持仓出现了亏损，要做的绝不该是抱怨，而是如何来采取相应的措施。至于这个措施，本应在开仓之前就提前制定好了。这样才能做到当发生与预想状况不一致的情况时不至于惊慌失措。

对于停损的概念，多数人认为就是"割肉""砍掉"，其实不然。停损也称止损，顾名思义，是停止损失的意思。虽然这个操作的结果是造成了损失，但它的目的是避免出现更大的损失。对于这一点，大多数投资者理解得并不是十分透彻，所以才会在应该及时止损的时候犹豫不决。

投资的结果不外乎几种——赚大钱、赚小钱、平手、亏小钱和亏大钱。赚大钱也好、赚小钱也罢，都终归是赚钱嘛，都是值得庆贺的；平手也还可以接受，至少没有亏损；赔小钱虽然也是亏损，但确实也是难免的事情，况且小的亏损不至于"伤筋动骨"，恢复起来应该是比较容易的。只是最后一点——亏大钱，在投资过程中是绝对不能允许的。因为亏损程度过大，未来回本将非常困难，而且还会影响到投资人的心态和未来的操作。试想，100万亏损50％变成了50万，而要实现翻本回到100万，就需要100％的获利水平啊。

也正因如此，追求胜率固然重要，但每一笔交易获利或损失的比例其实更加重要。特别是发生亏损时，说明之前作出的预判是错误的，必须及时加以纠正，以免酿成大幅亏损。这一点，无论是对新手还是老手都是同样重要的，同时也是能够在市场中长期生存下去必须做到的。

后记：为你们骄傲

书的最后，先和大家分享一条留言：

"小编您好！我是《谈股论金》节目的忠实观众。不过与大多数人不同，我收看节目时所关心的并不是何时能买、何时该卖，而是各位"牛散"在解盘过程中所透露出的看盘方法与操作技巧。这段时间以来，通过自己独立预判行情，选择个股反复操作，现在账户里的市值已经回到了4500点，真是为自己骄傲！"

虽说，每个交易日短短一小时的直播，都会有数千条留言挤进我们的微信互动平台。但是，这条留言的出现还是一下子跃入了值班编辑的眼帘。一来、当时的大盘已经在3000点上下足足晃悠了长达半年之久；二来、这位观众取得成功的方式也是栏目组一直所期盼的。

同样是在"第一财经谈股论金"微信平台之中，每周我们还会收到上百条观众的提问，但诸如"买了600*** 被套了怎么办？"、"300*** 该走还是该留？"这类的诊股题已经渐渐不见了踪影。取而代之的既有像"短线操作究竟该着重参考哪些指标？"这类的技术题，也有像"证监会进一步规范借壳上市行为会否影响ST股走势？"的政策题，还有"如何从市盈率的高低来寻找板块的龙头股？"这样的基本面问题。

从市场的投机者升格为真正的投资者，栏目组欣喜地见证着这一转变。英国投资大师本杰明·格雷厄姆曾这样谈到这两者间的区别：虽然投机行为在证券市场上有它一定的定位，但由于投机者仅仅为了寻求利润而不注重对股票内在价值的分析，往往容易受到"市场先生"的左右，陷入盲目投资的误区，股市一旦发生大的波动常常使他们陷于血本无归的境地。而谨慎的投资者只在充分研究的基础上才作出投资决策，所冒风险要少得多，而且可以获得稳定的收益。

无论是每日节目中"股市聊聊吧"与"教你一招"小板快所讲解的投资技术诀窍，还是您手中这本经过重新编排的《股市聊聊吧》（精编本2），栏目组都希望通过多种方式，为您转型升级成为一个真正的投资者增添更多的砝码，也希望您能从中获取到适合自己的投资方式。

依旧以一条观众留言作为结尾："早前的跟风炒作让我的账户坐上了'过山车'，最终还是输得一败涂地。这也是促使我重新拿起纸笔，翻开书本开始学习的重要原因。感谢第一财经《谈股论金》的一路陪伴，让我在市场中有了些许的自信，我相信我的投资之路将走得愈加平坦。"

或许在路上的不止他！还有你，还有你们。

期待有一天能够再次分享你们的骄傲。

第一财经《谈股论金》节目组

执笔　张俊

第一财经《谈股论金》采编人员

总　监　汪　钧
监　制　孙继民
主　编　洪　涛
制片人　缪　松
编　导　冯　卫　虞　佳　陈　炯
　　　　毛是杰　张　俊　郑　圣